A psicose

Neusa Santos Souza

A psicose

Um estudo lacaniano

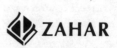

Copyright © 2023 by herdeiros de Neusa Santos Souza

Grafia atualizada segundo o Acordo Ortográfico da Língua Portuguesa de 1990, que entrou em vigor no Brasil em 2009.

Capa
Fernanda Ficher

Imagem de capa
Sem título, 2021, da série Cabeças, de Carmela Gross.
Colagem, nanquim sobre papel, 32 × 24 cm. Coleção particular.
Reprodução de Carolina Caliento.

Preparação
Diogo Henriques

Revisão
Angela das Neves
Adriana Bairrada

Dados Internacionais de Catalogação na Publicação (CIP)
(Câmara Brasileira do Livro, SP, Brasil)

Souza, Neusa Santos
    A psicose : Um estudo lacaniano / Neusa Santos Souza. — 1ª ed. — Rio de Janeiro : Zahar, 2023.

    Bibliografia.
    ISBN 978-65-5979-100-2

    1. Psicanálise 2. Psicoses I. Título.

22-137661   CDD: 616.89

Índice para catálogo sistemático:
1. Psicose : Psicanálise : Medicina   616.89

Inajara Pires de Souza – Bibliotecária – CRB PR-001652/O

Todos os direitos desta edição reservados à
EDITORA SCHWARCZ S.A.
Praça Floriano, 19, sala 3001 — Cinelândia
20031-050 — Rio de Janeiro — RJ
Telefone: (21) 3993-7510
www.companhiadasletras.com.br
www.blogdacompanhia.com.br
facebook.com/editorazahar
instagram.com/editorazahar
twitter.com/editorazahar

Para Ella,
para todos eles.

Sumário

Prefácio a esta edição, por Maria Isabel Lins   9

Prefácio à edição original, por Francisco Leonel F. Fernandes   17

Nota da autora   23

Introdução   25

1. A psicose e o simbólico   33

2. A psicose e o imaginário   61

3. A psicose e o real   79

Anexos   113

Psicose: Fenômeno e estrutura   115

Amor e morte na psicose   151

Agradecimentos   161

Notas   163

Referências bibliográficas   171

Prefácio a esta edição

Neusa: Um *portrait*

CONTRARIANDO OS DITAMES que regulam os prefácios — texto introdutório à obra que se vai apresentar, um preâmbulo —, e me servindo do prestigioso convite que me foi feito, tomei por decisão e impulso falar da autora Neusa Santos Souza, fazer dela um *portrait*, ainda que parcial. O dicionário Petit Robert dá para prefácio a acepção de *"dire d'avance"*, e o meu dizer antes de tudo será voltado para a amiga Neusa, com quem convivi por algumas décadas, de um modo estreito e frequente, o que justifica minha enorme emoção ao escrever o texto de abertura para a nova edição de *A psicose: Um estudo lacaniano.*

O prefácio à edição anterior, escrito por Francisco Leonel e republicado na presente edição, já traz os comentários sobre o conteúdo da obra, e foi escrito com a elegância e a precisão que tal estudo merece.

Neusa, plural

Como uma pérola negra, Neusa foi rara. Como analista, ofereceu uma escuta afiada e amorosa; como amiga, era aquela sempre presente a oferecer seus préstimos; como colega, recebia com gratidão e alegria o que cada um trouxesse à baila; mas não era fácil dissuadi-la de suas convicções teóricas.

Se é que podemos defini-la, no campo propriamente psicanalítico, ela foi aquela que não cedeu sobre a psicose — seguindo o que defendiam nossos mestres; Freud de maneira tênue e Lacan já francamente arrojado e decidido.

A colega

Conheci Neusa em casa de Jurandir Freire Costa, amigo comum, nos anos 1980, época em que frequentamos algumas atividades na embrionária Letra Freudiana. Lembro-me bem de suas intervenções numa conferência ali pronunciada por Alain Grosrichard sobre *O rapto do serralho*, de Mozart, e chamou-me a atenção o seu destemor, a sua maneira direta, sem rodeios, de se expor. Procurava então entender por que Lacan dava tanto privilégio aos significantes. Era bem a época do inconsciente estruturado como uma linguagem, do sintoma mais que do sinthoma, do desejo mais que do gozo.

Chegou a frequentar também o NAT, Núcleo de Atendimento Terapêutico, ao qual pertenceriam tantos colegas, e me incluo aí, que se prestavam a atender pacientes a preço módico, principalmente psicóticos. Éramos um braço da então Clínica Social de Psicanálise, fundada por Katarina Kemper, de nacionalidade alemã, responsável pela introdução da psicanálise no Brasil.

Infelizmente, para nós, prevaleceu outro traço de Neusa, o de não aceitar pertencer a nenhuma instituição, mesmo se transitasse por várias, participando ora como palestrante, ora como ouvinte. Para ela a instituição roubaria o que tanto prezava: a liberdade. Liberdade de ir e vir. De falar sobre questões

Prefácio a esta edição

próprias, de transmitir o que lhe causava. No entanto, o não querer esse tipo de pertencimento não tolheu seu veio criativo.

A destemida

Acompanhei o itinerário de uma Neusa destemida, que insistiu vigorosamente até o final, emprestando aos psicóticos uma escuta atravessada pelo seu saber, seu amor, sua paixão. Sim, porque o que ligava Neusa a seus pacientes psicóticos ("os meus psicóticos", como ela dizia) era uma verdadeira paixão. Talvez tenha sido tanta intensidade, tanta dedicação, que isso a fez interromper um fluxo de vida, de doação, de escuta. Talvez para ela já tivesse chegado o momento de ir para o panteão dos sábios. Partiu nos deixando uma importante produção escrita: um legado inestimável, ao pé da letra lacaniana, testemunhado nos seus textos teóricos — inúmeros — e no seminário que sustentou por anos na Casa Verde, um hospital-dia de saúde mental, um centro de acolhimento a pacientes psicóticos no Rio de Janeiro, com auditório sempre cheio para suas apresentações. Testemunhos de sua clínica, do seu pensamento, de suas ideias, que requerem e querem continuar a ser transmitidos, seja para os jovens profissionais, seja para os mais experientes analistas, porque trazem sempre o fulgor do novo, a marca da generosidade e o rigor dos conceitos.

Um estudo

A psicose: Um estudo lacaniano é um livro introdutório, posto que não se propõe a acompanhar Lacan até suas teorizações finais — tais como, por exemplo, Joyce, o sinthoma; o falasser; lalíngua; a predominância do Real e do gozo. É uma obra destinada àqueles que queriam saber, e ainda, mais ainda, querem saber (o que por si só justifica uma reedição): o que Lacan pensava sobre a psicose? E a própria Neusa?

Ela partiu dos pilares mais fundamentais de teoria lacaniana — a saber, os três registros, Simbólico, Real e Imaginário, sendo o Real praticamente de lavra lacaniana — e vai tratar justamente de como cada um deles opera de uma maneira especial na psicose. Ou seja, aí fundamentada, a partir desses elementos essenciais, Neusa vai tecer considerações sobre a estrutura clínica da psicose. Para isso, ela nos trará inúmeros testemunhos de seus casos clínicos.

Pelo próprio título do livro, depreende-se que se trata de um estudo em andamento, em progresso, e certamente, se não fora a morte prematura da autora, ela teria continuado a acrescentar e a contribuir mais ainda, tais eram a agudeza de seu pensamento e a solidez de seu repertório teórico. Está aí mais um dos seus traços: a generosidade na transmissão. Nunca se furtou a dizer o que sabia nem a dirimir dúvidas, e nos deixou uma herança preciosa para o estudo da psicose.

Uma paixão

Emociona sua defesa da psicose, situando-a dentro do campo da linguagem e da palavra. Há, sem dúvida, a cada vez que a questão se apresenta, uma afirmação: existe sujeito na psicose. Sujeito trôpego, desprendido de um arrimo que o neurótico tem o privilégio de possuir e do qual se serve. Disso Neusa nunca arredou pé e nos demonstrará ao trabalhar cada um dos três

Prefácio a esta edição 13

registros, espaços nos quais habita o sujeito, em sua relação com a psicose. (Remeto os leitores ao prefácio de Francisco Leonel.)

A amiga

Dona de uma inesquecível risada, de hábitos hospitaleiros, costumava fazer almoços ou jantares para os amigos. Mesa sempre farta, se esmerava na culinária baiana; ninguém fazia uma farofa no dendê como ela. A conversa era variada e de costume muito interessante. Neusa tinha sempre ao lado uma caderneta, onde escrevia, invariavelmente, qualquer coisa que considerasse digna de nota, alguma preciosidade. Podia ser uma ideia levantada na hora, dicas de um filme, de um livro ou de uma música, ou simplesmente de uma receita culinária.

Amava viajar, visitar novos lugares, conhecer novas culturas. Foi assim que empreendemos algumas delas juntas. Lembro-me bem de duas: a primeira, a Nova York, na qual se aventurou por bairros em que americanos negros, ou mesmo imigrantes africanos, exibiam produtos vindos do continente de onde se originaram seus antepassados. Chegou ao hotel mostrando orgulhosa suas aquisições e me dizia que conseguira trocar umas palavras — não era versada em inglês — com os irmãos africanos. O que é a força de um pertencimento!

Falava muito de um tio, seu padrinho, que cultivava seus ancestrais e passara para Neusa a fé nos orixás. Não frequentava terreiros, mas sua crença era genuína e lhe fora transmitida por esse familiar, a quem dedicou muito amor. Foi com esse mesmo amor que, numa ida minha a Salvador, conseguiu marcar uma visita com Mãe Estela, famosa pelos conhecimentos das religiões de matriz africana. Foi um privilégio ter conhecido e me consultado com essa famosa mãe de santo, e devo isso à nossa amizade, minha e de Neusa.

A segunda viagem que fizemos juntas, com outras amigas também, foi a Buenos Aires. Já à época começava a se interessar por vinhos e tivemos jantares memoráveis. Visitamos museus, como o lindo Malba; fomos à praça San Telmo, assistir ao mesmo casal de sempre dançar um melancólico tango e apreciar antiguidades ali expostas. Uma festa.

Um pequeno vício

Ela mesma achava engraçado: tinha que fumar à noite, já deitada, um cigarro. Um único. Era o seu sonífero, mas para quem dividia o quarto e não era mais fumante...

A andarilha

Costumava dar suas caminhadas ali mesmo pela rua das Laranjeiras e pelo Cosme Velho. De longe podia-se identificá-la, com sua pele negra — somos tantos nessa cidade de escravizados —, seu porte altivo e o corte de cabelo à moda de Nefertite.

Neusa ou Billie Holiday

Foi numa festa de aniversário de um amigo em comum que Neusa desceu a escadaria externa da casa, que levava ao pátio

Prefácio a esta edição   15

onde estávamos reunidos, caracterizada de Billie Holiday. O
fôlego se fez raro e paramos para admirar aquela majestade:
linda, sorridente, maravilhosa, como sabia ser. Foi o sucesso
da noite e prestou um grande tributo à sua cantora predileta.

EU PODERIA CONTINUAR ESCREVENDO esse *portrait* de Neusa,
tantas foram suas facetas. Todas fascinantes e emocionantes,
todas dignas de nota: sua inteligência, seu atravancado processo de atravessamento de uma negritude perturbadora, seu
"comadrio" tão requisitado — foi madrinha de muitos dos filhos
e filhas de amigos —, sua generosidade, sua dignidade, sua elegância — lato sensu —, seu talento de analista... Mas sobretudo
não posso terminar sem mencionar mais uma vez sua risada,
farta, plena, gostosa. Inesquecível. Quem me dera fosse eu um
Caetano Veloso para poder falar tão belamente dessa Irene e
sua risada. Irene é de Caetano, artista que ela tanto admirou.
Neusa é nossa e para sempre será. A risada de Neusa, que é a sua
música, tão sua, ressoará e ficará para sempre.

MARIA ISABEL LINS
Rio de Janeiro, 2022

MARIA ISABEL LINS é psicanalista, membro da Escola Brasileira de Psicanálise (EBP) — seção Rio de Janeiro, da Associação Mundial de Psicanálise
(AMP) e membro-fundadora do NAT – Núcleo de Atendimento Terapêutico, uma extensão da Clínica Social de Psicanálise voltada para a psicose.
Exerceu sua atividade de ensino em várias instituições de psicanálise de
1983 a 1992. Desde 2011 ministra uma série de seminários junto à Escola
Brasileira de Psicanálise.

Prefácio à edição original[*]

SABEMOS COM QUE RESERVAS Freud abordou a questão das psicoses. Com relação às possibilidades terapêuticas, seu pessimismo era completo. Sua grande contribuição nesse campo foi de natureza teórica — diversamente do caso das neuroses, em que precisamente sua teorização se inicia ao lado de sua prática clínica.

Inúmeras são as razões para essa situação, algumas delas bastante plausíveis. O curioso é que, em contraponto com as neuroses, as psicoses nunca obtiveram um status pleno. Num certo sentido, é como se tivéssemos permanecido presos à abordagem freudiana, sem conseguirmos nos mover. Lacan chega a afirmar que após Freud teríamos regredido a um entendimento da psicose anterior à própria psicanálise.

Do ponto de vista clínico, o trabalho com psicóticos sempre foi polêmico, tendo um caráter de excepcionalidade. A rigor, a psicanálise é uma prática própria aos neuróticos. Para os psicóticos, temos os terapeutas excepcionais, as "técnicas" inovadoras. Em relação a eles os conceitos clínicos perdem quase que completamente sua consistência e referência. Uns dizem que o psicótico não transfere; outros, ao contrário, que a transferência neles é maciça. Do ponto de vista teórico a confusão

---

[*] Texto escrito para a edição original de *A psicose*. Rio de Janeiro: Campus, 1991.

não é menor, mas aí a psicose é necessária para a própria teoria — ao contrário da clínica, na qual ela representa sempre um obstáculo irredutível. De fato é muito cedo em sua teorização que Freud releva a questão das psicoses. Desde o início ele a situa, em relação às demais estruturas clínicas, em função do conceito de defesa. Suas colocações sobre o tema são pontuais, e decisivas no que diz respeito ao avanço teórico da psicanálise. É o que podemos constatar em textos fundamentais como a parte final de "O inconsciente", "O caso Schreber", "Introdução ao narcisismo" etc.

Após Freud, um conceito de psicose como uma entidade clínica específica que se explicaria pela ação de um mecanismo determinado se perdeu enquanto programa de pesquisa a realizar. Realmente, Freud não teve êxito em explicá-la na forma estabelecida pelo seu programa, embora tivesse essa pretensão — como o demonstram vários textos psicopatológicos seus e a própria análise do caso Schreber. Pois o conceito de projeção, tal como foi por ele formulado, não era suficientemente preciso para explicar a psicose em termos de um mecanismo — à semelhança da neurose. Os trabalhos dos pós-freudianos não tiveram maior sucesso nessa empresa. Na verdade muitos deles abandonaram essa intenção programática de Freud. Por exemplo, no contexto da escola inglesa temos que a associação entre a psicose e seu mecanismo específico se dilui no que as manifestações daquela são assimiladas às fases primitivas do desenvolvimento do sujeito. A terapêutica derivada dessa apropriação do fenômeno psicótico pelo genético não pode deixar de ser uma pedagogia que busca se adequar às esquisitices do sujeito, com vistas a melhor educá-lo. É o que vemos, por exemplo, no fato de a intervenção do analista, a interpretação,

Prefácio à edição original

não ser em princípio condicionada pelo quadro clínico. O analista supõe que o psicótico se defende em suas manifestações e que essas defesas se dissiparão quando lhe forem reveladas. Está aí o papel fundamental da interpretação: o analista parte do princípio de que, tanto para o psicótico quanto para o neurótico, a verdade revelada sobre o sentido da defesa tem por si só efeito na direção da cura. Que essa perspectiva nunca tenha dado bons frutos não constitui um problema. Isso porque a noção de resistência foi cada vez mais chamada a explicar a impermeabilidade do psicótico aos efeitos de verdade daquilo que seria seu discurso.

Ora, a questão essencial — e Freud já fora sensível a ela — é justamente que essa impermeabilidade não é um fenômeno cujo conceito de defesa seja suficiente para explicar. Ela é um fenômeno central. Não existe um sujeito são (que se defende) subjacente ao fenômeno psicótico a quem se dirigir e de quem se possa esperar que o confronto com a própria verdade produza transformações, como as que podemos esperar em neuróticos. De forma que a questão posta em sua radicalidade pela psicose é a da existência mesma de um sujeito em função de sua produção discursiva.

Inegavelmente, devemos a Jacques Lacan a retomada de uma clínica que busca situar a psicose em sua diferença com as demais entidades psicopatológicas. Para ele, a foraclusão do significante Nome-do-Pai é o mecanismo específico responsável pelos quadros psicóticos. É importante frisarmos isso porque vivemos num contexto em que se faz questão de situar Lacan como um "teórico", como alguém cujo trabalho se opõe à clínica ou que está muito distante das preocupações de um clínico. O que é francamente um absurdo, uma vez que, justamente, se podemos traçar uma diferença entre a sua clínica e a de Freud é em relação à psicose que devemos fazê-lo. Como se sabe, a clínica de Freud é uma clínica das neuroses, em especial da histeria, enquanto a de Lacan é uma clínica das psicoses, especificamente da paranoia. Ou seja, não se trata em Lacan de um distanciamento da prática, mas, ao contrário, de um ponto de partida diferente na sua construção e, também, de uma crítica acirrada às diversas concepções clínicas que surgiram após Freud, as quais, segundo ele, traem o espírito mesmo da psicanálise.

O trabalho de Neusa Santos Souza se alinha a essa perspectiva. Ou seja, visa, sobretudo, a essa retomada de uma reflexão clínica acerca daquilo que concretamente é problemático para a psicanálise. Sem dúvida, hoje como ontem, a psicose é um campo que traça para a psicanálise algumas de suas interrogações mais difíceis.

Esta iniciativa de Neusa tem para nós pelo menos duas razões que demonstram sua necessidade e que importa assinalar.

A primeira, como já insinuamos, é a de se filiar a esse programa de Freud retomado por Lacan, que é o de insistir no esforço de elaborar uma conceitualização psicanalítica da psicose, com vistas evidentemente à constituição de uma clínica e de suas possibilidades.

Ela inicia seu trabalho recolocando os impasses a que chegamos ao abordar a psicose pela psicanálise. Toca assim a fronteira desse impossível a que tão diretamente a psicose nos expõe. O que se impõe a nós, psicanalistas, é tentar escrever esse impossível, notá-lo em letras de forma a indicar o que, ao nível da operação significante, constitui a psicose. É o que indicam a distribuição e a temática dos capítulos. Situar a psicose

Prefácio à edição original

como efeito da operação significante é inscrevê-la no domínio do humano, isto é, situá-la em relação ao que torna possível a existência mesma dessa ordem: o simbólico. Mas o simbólico tem função precisamente no que articula o impossível, isto é, o real — registro que é tematizado no capítulo final. Pois o "defeito" no simbólico que caracteriza a psicose justamente expõe os sujeitos psicóticos a se confrontarem com o que é da ordem do real diretamente, e a responderem em seu nível. Sabemos que nessa via o psicótico articula seu destino de forma diversa das outras entidades clínicas. Enquanto nestas a morte se realiza pelo caminho da vida, para eles a morte é um termo sempre presente na atualidade de suas existências. E, se há para eles alguma saída, esta se dá ao nível do registro no qual as manifestações desse real sem contorno se observam: o imaginário, que é o tema do capítulo intermediário. Ele aí comparece como o registro que articula, enquanto um terceiro termo, o simbólico e o real. Freud dizia que devíamos ver no delírio uma manifestação não no sentido patológico, mas no sentido de uma tentativa de autorrecuperação do sujeito. Se o que é determinante não é efetivo no mesmo espaço onde se manifestam os traços mais eminentes da psicose — o que marca a heterogeneidade dos registros —, é no entanto no imaginário que há a possibilidade de se constituir algo que venha em suplência àquilo que, no registro do simbólico, fracassou. Está aí o valor do delírio.

A respeito desse caminho de se pensar a psicose, o esforço de Neusa é considerável. Ela demonstra uma ampla leitura, tanto de Freud quanto de Lacan, aliada a uma elaboração clínica bastante sofisticada. O que nos conduz à segunda razão da pertinência de seu texto: ele é raro no sentido de privilegiar a clínica *em nosso contexto cultural "psi"*, opondo-se assim aos usos mais frequentes de que por nossas bandas a psicose tem sido objeto. Principalmente aqueles que tomam o psicótico como suporte das mais variadas concepções ideológicas e suas correlatas técnicas de manipulação. É nesse sentido que o texto de Neusa ganha valor ao nível da transmissão da psicanálise. Pois, opondo-se a reduzir o fenômeno psicótico, buscando entendê-lo em seus próprios termos a partir da clínica, ela se situa em relação a algo que é problemático para a psicanálise, produzindo seu texto a partir dessa posição — posição que é condição de possibilidade para o avanço mesmo da própria psicanálise.

FRANCISCO LEONEL F. FERNANDES

1991

FRANCISCO LEONEL F. FERNANDES é psicanalista, membro do Tempo Freudiano Associação Psicanalítica e professor de psicologia da Universidade Federal Fluminense (UFF).

Nota da autora*

A SEGUNDA EDIÇÃO DESTE LIVRO vem reafirmar seu propósito primeiro: o de ser um estudo, um estudo que continua, um trabalho em andamento.

É assim que, ao texto da primeira edição, publicado na íntegra, se acrescentam o ensaio "Psicose: Fenômeno e estrutura" e o artigo "Amor e morte na psicose", apresentado no I Congresso Internacional do Colégio de Psicanálise da Bahia, em agosto de 1996. Ambos os textos apontam mudanças de perspectivas e reinterpretações a propósito da psicose. Essas mudanças são fruto do que tenho aprendido com os livros, com meus pares, com meus alunos e fundamentalmente com os pacientes.

Tomara que este livro testemunhe esse aprendizado e assim possa ser útil e servir ao leitor.

A AUTORA

1999

---

* Texto escrito para a segunda edição de *A psicose*. Rio de Janeiro: Revinter, 1999.

Introdução

A PSICOSE, o conceito, é uma invenção recente: data de menos de um século e se deve ao gênio de Freud. O termo "psicose", este não. Já vigorava há quase meio século, antes dos primeiros textos psicanalíticos — Von Feuchtersleben o empregou pela primeira vez em 1845 —, significando doença mental, nome médico da "loucura alienada".[1]

Dotado de tal amplitude, ao termo "psicose" faltava precisão. Cobria um sem-número de entidades clínicas e longe estava de se opor ao termo "neurose". Bem ao contrário, compunha com este último "psiconeurose", termo caro a Freud desde as primeiras publicações psicanalíticas, onde figura como título de dois artigos capitais: "As psiconeuroses de defesa" (1894) e "Novos comentários sobre as psiconeuroses de defesa" (1896).

Um trabalho consequente de delineamento dessas duas entidades clínicas se impunha. E Freud o levou a cabo ao engendrar conceitos fundamentais, balizas que lograram definir, separar e opor os dois campos, antes indistintos, da neurose e da psicose.

A defesa foi aí o conceito-chave. Em torno dela se organizaram tanto os primeiros quanto os mais acabados conceitos freudianos no que tange à diferença estrutural entre neurose e psicose. Assim é que, nos artigos de 1924 — "Neurose e psicose" e "A perda da realidade na neurose e na psicose" — em que Freud demarca a diferença genética entre uma e outra entidade clínica, encontramos cravada no coração dos textos a ideia de defesa — a ideia de que o tipo, o alvo e o sucesso ou fracasso da defesa determinam o destino neurótico ou psicótico do sujeito. Se a defesa se dirige contra um fragmento do id, contra uma moção pulsional, e se ocorre aí uma falha parcial, temos, como produto, a neurose. Ao contrário, se a defesa se levanta contra um fragmento da realidade e é bem-sucedida em seu intento de rejeitá-la, o resultado dessa vez é a psicose.

Uma outra ideia diretriz na concepção freudiana das psicoses é a que afirma uma unidade necessária do campo determinada por uma espécie única de mecanismo responsável pela produção de dois tipos clínicos fundamentais — paranoia e esquizofrenia. Trata-se da retirada libidinal, retraimento da libido em sua função de investir no mundo dos objetos.

Recuo mais ou menos radical, culminando no autoerotismo e produzindo a esquizofrenia ou interrompendo-se antes, ao nível do narcisismo, e determinando a paranoia, a retirada libidinal é postulada por Freud como um dado unânime. É o que se lê numa carta a Jung de 26 de dezembro de 1908:

> Eis portanto a conclusão a que chego: Em todos os casos: Repressão por desligamento da libido.
>
> a) Bem-sucedido, autoerotismo — simples dem. pr;*
>
> b) Malsucedido [...] — paranoia típica;
>
> c) Fracasso parcial [...] — formas intermediárias entre dem. pr. e paranoia.[2]

---

* Trata-se aqui da demência precoce, entidade clínica isolada por Kraepelin e rebatizada por Bleuler com o nome de esquizofrenia. Freud, não raro, se permitia fazer uso do velho termo para se referir à esquizofrenia.

Introdução   27

Poder-se-ia contra-argumentar, não sem pertinência, que
a suposta unidade do campo só se sustenta se deixarmos de
lado, excluindo-a arbitrariamente de nossas considerações, a
melancolia. Isso porque, malgrado partilhar com as outras
psicoses o mecanismo da retirada libidinal, a melancolia só
se determina a partir de certas linhas de força — um tipo
especial de escolha de objeto (escolha narcísica) e de um
certo vínculo libidinal que une o sujeito ao objeto (vínculo
ambivalente) —, condições de possibilidade que sublinham
a existência de um enlace libidinal levado aí ao paroxismo
da identificação do eu com o objeto. Pareceria assim encon-
trarmo-nos face a uma situação paradoxal em que, a um só
tempo, haveria e não haveria retirada libidinal. É certo que
o mundo dos objetos fica desinvestido, mas em proveito de
um investimento encarniçado num único objeto — o objeto
perdido — que atrai para si todas as energias do eu, a ponto
mesmo de confundir o eu com o objeto.

A melancolia, "esse doloroso sofrimento, a mais grave das
formas dos estados de depressão", no dizer de Freud, nos coloca
questões espinhosas, e não só no que concerne à sua inscrição
no campo psicanalítico das psicoses. Tendo abordado-a como
tema de investigação em muitos momentos de sua obra, especialmente em "Luto e melancolia" e nos textos da segunda
tópica, Freud chegou aos últimos anos de sua vida afirmando
humilde e corajosamente que da melancolia, quanto à causa
e ao mecanismo, não conhecia quase nada.[3] Essa afirmação
nos adverte sobre a complexidade do problema da melancolia
quando se trata de definir seu estatuto e circunscrever seu lugar no campo psicanalítico. Talvez por isso Freud não a tenha
conceitualizado como psicose, reservando-lhe o nome de "neu-

rose narcísica", nomeação que lhe parece atribuir à melancolia um lugar intermediário entre as neuroses e as psicoses.

Posição bem diversa é aquela assumida por Freud em relação à paranoia e à esquizofrenia: a tese de mecanismo único delineando a unidade do campo das psicoses o levou, num certo momento, a propor um nome único — parafrenia — reunindo as duas afecções: "A paranoia, loucura sistematizada crônica [...] resulta indubitável seu parentesco com a demência precoce, a ponto de, em uma ocasião, eu ter acreditado poder reunir a paranoia e a demência precoce sob a denominação comum de parafrenia".[4]

Lacan, também aqui, segue Freud ao fazer da paranoia a psicose. A partir de sua tese de doutorado em medicina — *Da psicose paranoica em suas relações com a personalidade* —, Lacan realiza um trabalho de psiquiatra-anatomista no qual opera uma dissecção impiedosa dessa entidade clínica tão cara à nosologia clássica, fazendo ruir os eixos em torno dos quais se sustentava a definição kraepeliniana de paranoia. Por essa via chega a reduzi-la ao osso para finalmente assinalar, nesse ponto, a estrutura narcísica, o eu, a personalidade. A paranoia é a personalidade: "A psicose paranoica e a personalidade não têm relação alguma", diz Lacan, 43 anos depois, criticando a tese, "porque são a mesma coisa".[5]

A paranoia, sua característica maior, é o acordo com a personalidade. De modo genérico pode-se dizer que o que é da ordem das psicoses — paranoia, esquizofrenia — se define em relação a um acordo maior ou menor em relação a essa síntese, a personalidade, o que nos leva a concluir que, se a paranoia é a personalidade, a esquizofrenia só se afirma em relação à paranoia. Somos assim levados de volta à tese freudiana da unidade do campo das psicoses, onde a paranoia é, rigorosamente,

Introdução 29

considerada uma entidade clínica e a esquizofrenia, um termo sujeito a reservas.

Freud e Lacan compartilham aí das mesmas suspeitas. Em mais de uma carta a Jung, Freud escreve sobre essa questão. Assim, em 17 de fevereiro de 1908: "Estou em contato com alguns casos de paranoia em minha prática e posso lhe contar um segredo. (Escrevo paranoia, em vez de dem. pr., porque encaro a primeira como um bom tipo clínico e a segunda como um pobre termo nosográfico)". E, alguns meses mais tarde, em 21 de junho do mesmo ano: "Na paranoia reconheço um tipo psicológico-clínico, ao passo que a dem. pr. ainda não tem para mim significado preciso [...]. Dem. pr. não é, de ordinário, um diagnóstico real".[6] Lacan, por sua vez, prodigalizou o termo "paranoia" em detrimento e em franca oposição ao de "esquizofrenia", cuja parcimônia no uso, associada a uma referência célebre plena de reservas — "o *dito esquizofrênico* se especifica por ser tomado sem o socorro de qualquer discurso estabelecido"[7] —, faz supor que, tal qual Freud, ele próprio nutria desconfianças acerca da consistência desse diagnóstico.

No que tange à questão do mecanismo psíquico fundante da psicose, a mesma unanimidade postulada por Freud reencontramo-la em Lacan. Em todos os casos, um único mecanismo: retirada libidinal para o primeiro, foraclusão do Nome-do-Pai para o segundo.

Conceito central, mola mestra da teoria lacaniana das psicoses, a foraclusão do Nome-do-Pai assinala um acidente no registro simbólico, tropeço, desfalecimento na tarefa de inscrever uma afirmação primordial em torno da qual o mundo em sua dimensão significante viria se organizar. Acidente pleno de consequências, tão quieto e mudo na sua origem quanto ruidoso e turbulento no instante em que surgem seus efeitos. Efeitos imaginários de um real que retorna, inquietante estranheza, desmoronando a teia de significações que constituía o mundo do sujeito, um mundo que agora se tornou bazar de signos. A foraclusão do Nome-do-Pai, esse universal lacaniano das psicoses, ao implicar e referir-se ao real, ao simbólico e ao imaginário, nos incita a pensar a questão aberta das psicoses, tomando como eixos, linhas de força, os três registros de Lacan, "três dimensões do espaço habitadas pelo falante",[8] registros que ordenam e inauguram em Lacan seu retorno a Freud. Real, simbólico, imaginário: três nomes, três ordens isoladas da obra de Freud, extraídos daí com tempo e sobretudo paciência, diz Lacan, trabalho engenhoso sustentado pela ambição de ler, dar a razão e tirar as consequências do texto freudiano, esse manancial de fecundidade sempre renovada.

Os três capítulos que se seguem falam, cada um deles, das relações da psicose com o simbólico, com o imaginário e, finalmente, com o real.

O primeiro capítulo, "A psicose e o simbólico", privilegia a ordem simbólica, os acidentes e percalços que ocorrem aí, seus avatares e consequências no que tais acontecimentos implicam fundamentalmente esse registro. A castração, a metáfora paterna, a foraclusão do Nome-do-Pai e os fenômenos de linguagem que constituem o que é próprio da fenomenologia da psicose são os temas em torno dos quais o texto se organiza.

O segundo capítulo, "A psicose e o imaginário", destaca a arquitetura da dimensão imaginária, situando-a como o lugar onde toda ilusão e toda verdade — mas não a verdade toda — se enunciam. Nesse capítulo é dada uma atenção particular ao desencadeamento da crise psicótica, esse cataclisma, "ferida na

Introdução

Ordem do Mundo", no dizer de Schreber,[9] evento trágico que faz furor na vida do sujeito. Essa atenção que não se detém, não se restringe ao momento circunscrito do desencadeamento da crise, expande-se para examinar o trabalho de reconstrução, esse esforço máximo do sujeito para recriar e reordenar seu mundo devastado. O narcisismo, o eu, a fase do espelho, a regressão tópica à fase do espelho e os fenômenos propriamente imaginários que proliferam aí, a dimensão consistente do delírio, sua certeza e seu poder de significação constituem o essencial desse capítulo.

Por último, "A psicose e o real", capítulo que se debruça sobre o impossível da psicose. Impossível de compreender, de reduzir, impossível de dizer, impossível de calar, impossível de suportar. Assim, tomamos o real, esse registro absolutamente decisivo na teoria e na trindade lacanianas, para pensá-lo e interrogá-lo em suas relações com a psicose. O real de Lacan — categoria inventada, assinalada por ele e elevada à dignidade de seu sintoma —, a realidade psíquica freudiana, a fantasia, a economia do para-além do princípio do prazer e o gozo foram conceitos com os quais abrimos veredas, na ambição de adentrarmos os inusitados caminhos da psicose, essa experiência da deriva, do excesso, do para-além. Essa ausência de medida, de regulação, de lei, prova de um gozo invasivo e daninho, lança o psicótico na escolha forçada de permanentemente se defender. Defesa que se exige radical frente a esse destino de assujeitamento máximo. Defesa que irá se desdobrar numa série de procedimentos implicando falas e atos constitutivos da trama e do tecido dessa experiência que se convencionou chamar psicose. Assim, o delírio, o empuxo-à-mulher (*pousse-à-la-femme*), os vários protocolos de ação que esboçam regras, distâncias, interdições, como também os fracassos mais ou menos trágicos dessa empreitada — as mutilações, o mutismo, a inércia, o empuxo-à-morte —, todos esses modos de ser e de se defender do psicótico são aqui temas que se articulam compondo o último capítulo deste pequeno livro que dá corpo a uma grande ambição: a de falar da psicose.

1. A psicose e o simbólico

DA PSICOSE PODER-SE-IA DIZER, com Lacan, que ela é um drama no coração do simbólico. Um drama encravado aí nesse centro estilhaçado, lugar único e múltiplo, encruzilhada onde se topam o sujeito e o significante, zona de encontro onde se realiza o que, para o falante, é da ordem do possível.

Que a linguagem como discurso seja recusada, nos momentos privilegiados e raros onde se surpreende a loucura bruta e nua, que ela solte as amarras, saia dos eixos e perca o prumo nos instantes extraordinários em que a loucura é loucura derramada, nada disso impede que logo no momento seguinte, em sua gramática e sintaxe, a linguagem seja de novo retomada, domada, submetida a torções e contorções para mais uma vez articular-se em novas cadeias significantes, em novos circuitos de significações.

Pensar a experiência psicótica como um acontecimento que, longe de excluir, implica o sujeito em seu trato com a linguagem, debruçar-se sobre os avatares dessa convivência difícil, suas perplexidades, impasses, saídas, linhas de fuga, exige que concebamos as psicoses como uma estrutura singular, como um sistema de relações irredutível a qualquer outro. Pensá-la assim, entretanto, não nos exime da tarefa de nos determos — para extrairmos daí as consequências — sobre um conceito central da psicanálise em torno do qual a teoria faz girar todos os destinos. Trata-se da *castração*, esse operador estruturante, condição de possibilidade de toda experiência neurótica, perversa ou psicótica.

A castração para Freud é um complexo intricado de fantasias que permite fazer face à angústia inscrevendo-a em termos significantes, complexo este centrado na fantasia de que o pênis foi castrado nas mulheres e que, nos homens, é passível de sê-lo.

O complexo de castração se estrutura a partir do que Freud nomeou a primazia do falo, uma premissa necessária à vida e à teoria sexual infantil que atribui universalmente o pênis a todos os seres vivos e até mesmo a objetos inanimados:

> A característica principal dessa "organização genital infantil" é a sua *diferença* da organização genital final do adulto. Ela consiste no fato de entrar em consideração, para ambos os sexos, apenas um órgão genital, ou seja, o masculino. O que está presente, portanto, não é uma primazia dos órgãos genitais, mas uma primazia do *falo*.[1]

Atribuindo a todos os seres humanos um mesmo órgão genital e vindo mais tarde a se defrontar com a desconcertante diversidade dos corpos sexuados, meninos e meninas são surpreendidos face à difícil questão de significar a diferença.

Os meninos, a princípio, relutam diante da percepção dessa inquietante novidade que contrasta tanto com suas expectativas e certezas antigas.

> Negam tal falta, acreditam ver o membro e salvam a contradição entre a observação e o preconceito supondo que o órgão é todavia

A psicose e o simbólico 35

muito pequeno e crescerá quando a menina for maior. Pouco a pouco chegam à conclusão, efetivamente muito importante, de que a menina, a princípio, possuía um membro análogo ao seu, do qual foi despojada. A carência de pênis é interpretada como resultado de uma castração, surgindo então, no menino, o temor da possibilidade de uma mutilação análoga.[2]

Fica então, para o menino, a dura certeza de que o pênis, esse órgão tão preciosamente valorizado, pode ser destacado do corpo, pode ser perdido — tanto é que alguns, as meninas, já o perderam e outros, os meninos, correm o risco de ficar sem ele. Trata-se aqui da ameaça de castração, esse temor que vem reforçar, revitalizando, todas aquelas ameaças antes recebidas e que tinham como alvo a interdição do desejo ligado a uma constelação de fantasias girando em torno da mãe, esse objeto privilegiado do desejo da criança. Estamos no cerne do complexo de Édipo, esse "conjunto organizado de desejos amorosos e hostis que a criança experimenta relativamente aos pais".[3] Um triângulo de amor e ódio em cujo centro habitam, ameaçadores, o interdito e o castigo, a morte, a castração. A mãe é proibida, é proibido o incesto — eis a letra da Lei. E a castração, o castigo pleno de rigor contra o crime maior de sua desobediência.

Nos meninos, o complexo de Édipo encontra aí, na Lei da Castração, seu apogeu e declínio. Do cumprimento dessa lei — abandono da mãe como objeto de desejo, escolha do pai como objeto de identificação — e das vicissitudes e avatares na observância à sua letra, daí decorre o que é próprio à sexualidade masculina.

As meninas são diferentes. Ao constatarem a diferença anatômica, se comportam de outro modo: "A menina se comporta diferentemente. Faz seu juízo e toma sua decisão num instante. Ela o viu, sabe que não o tem e quer tê-lo".[4] E, atestando na diferença a injustiça na distribuição dos bens, arma-se de revolta e protestos contra essa iniquidade sem nome. É a inveja do pênis, elemento constitutivo fundamental da sexualidade feminina e principal consequência da manifestação do complexo de castração na menina. Para ela, o complexo de castração é o passaporte para sua entrada no complexo de Édipo, via através da qual percorrerá os labirintos da sexualidade, num incessante devir-mulher.

A fantasia da castração é portanto o que, a partir da premissa universal do falo e da visão dos genitais femininos, viria dar sentido à diferença sexual anatômica e organizar o destino dos sujeitos em posições sexuadas masculina e feminina, para além das contingências da anatomia. Encontramos assim a dimensão simbólica da castração no que ela instaura aí uma função — a função do falo. Mas

> por que falar de falo e não de pênis? É que não se trata de uma forma ou de uma imagem ou de uma fantasia, mas de um significante, o significante do desejo. Na antiguidade grega não se o representa como um órgão e sim como uma insígnia, é o objeto significante último que aparece quando todos os véus são corridos e tudo o que se relaciona com ele é objeto de amputações, de proibições.[5]

O falo que não é o órgão — pênis ou clitóris — e sim um atributo universal, que não é um dado da realidade corporal e sim "outra coisa", que não é uma coisa mas um nome para o desejo; o falo como significante, portanto, é a função organizadora da sexualidade infantil. E a castração, a Lei que ordena o desejo.

Aqui estamos no centro da concepção lacaniana da castração: a castração não como fantasmagoria imaginária mas como Lei.

Lacan coloca a castração no centro do complexo de Édipo, que ele concebe se desenrolando em três momentos lógicos.[6]

O primeiro é o da identificação da criança com o falo, objeto de desejo da mãe. Aqui, toda a questão que se coloca para a criança é ser ou não ser o falo para assim satisfazer o desejo da mãe. Nesse momento a lei que vigora é a desse primeiro Outro cujo "dito decreta, legifera, aforiza, é oráculo [...] e submete o sujeito à sua obscura autoridade".[7]

A esse primeiro momento vem se juntar um segundo em que se inscreve uma nova lei: a lei da castração, operação simbólica por excelência, caracterizada pela mediação do Pai, esse terceiro termo que, se interpondo entre a mãe e o filho, separa um do outro, produzindo uma falta, um corte. Um corte feito pelo Pai enquanto significante, Nome-do-Pai — uma falta simbólica, portanto. É que a castração, com o ferro em brasa do significante, marca o vivente e o transforma em sujeito, excluindo a experiência do corpo como real, desterrando o gozo do corpo, banindo-o para o exterior, instituindo assim um gozo propriamente sexual, fálico, gozo fora-do-corpo, e inaugurando um tempo de desejo, experiência exclusiva dos falantes, seres que habitam o universo simbólico, universo do discurso.

O desejo que se inaugura aí gira em torno do falo, numa dialética outra, diferente daquela própria ao primeiro momento. Aqui, nesse terceiro momento do Édipo, o desejo vem se equacionar não mais sob a égide do verbo ser, mas do ter. Ser ou não ser o falo dá lugar a tê-lo ou não o ter. Está aberto o jogo das identificações em que os meninos e meninas vão tomar posições diferenciadas segundo seu sexo.

Abandonando a mãe, será no pai, suposto detentor do objeto desejado, que ambos irão procurar o falo — pênis ou filho — por que tanto anseiam. O menino, fazendo do pai seu objeto de identificação, afirmará, como ele, *ter*. A menina, tomando-o como objeto de amor e paradigma dos demais objetos substitutos, buscará aí o que sabe *não ter*.

No estudo das psicoses, Lacan concedeu destacada importância ao segundo momento do Édipo e aos elementos que aí se organizam — Nome-do-Pai e metáfora paterna — para instaurar o processo de simbolização.

O Nome-do-Pai, pai como suporte da função simbólica, é o instrumento legal dessa operação dita metáfora paterna que ordena um certo tipo de estrutura em que o sujeito se define como essencialmente marcado e assujeitado à lei simbólica — castração — e a seus desdobramentos imaginários.

A metáfora paterna é o que define, por sua presença ou por sua ausência, a sorte do neurótico e do psicótico. De seu desempenho eficiente resultam a neurose e seus avatares, enquanto em consequência de seus tropeços e percalços criam-se as condições de possibilidade do destino psicótico.

Da metáfora paterna a função fálica é a principal consequência. Função diretriz do destino neurótico, a função fálica é a determinação que o condena a girar em torno de problemas e questões relativos a esse centro único, medida de todas as coisas, o falo, tanto em sua vertente simbólica quanto em sua vertente imaginária.

O falo, em sua vertente simbólica, exerce a função de partilhar e alinhar os sexos, inserindo-os no registro simbólico

A psicose e o simbólico

como homem ou mulher, no que essa partilha implica posições masculina e feminina, virilidade e feminilidade, irredutíveis às contingências anatômicas da diferença sexual. Masculino e feminino são aqui posições subjetivas, fantasmáticas, definidas pelo modo peculiar a cada sujeito de submeter-se à lei fálica: a posição masculina se definindo por um total assujeitamento e a posição feminina, por uma não toda sujeição à mesma lei.[8]

Efeito da castração imaginária que atribui ao Outro um corpo e uma falta — "À Mãe falta algo"[9] —, o falo, em sua vertente imaginária, se configura como objeto de desejo do Outro e se faz predicado atribuível, positiva ou negativamente, a esse Outro. Aqui, o falo é o que o Outro tem ou não tem, é ou não é, e, por efeito da identificação imaginária a esse Outro, o falo é o que o sujeito possui ou não possui, é ou deixa de ser. Nessa dimensão imaginária, o falo é o significado do desejo, desejo que se denuncia nos vaivéns desse primeiro Outro, Outro privilegiado das demandas do sujeito.

A metáfora paterna tem o Pai como agente e instrumento legal — afirmação redundante, se não fosse preciso dizer que se trata aqui do pai simbólico, "nem uma pessoa, nem um sujeito, mas um ponto de ancoragem para o sujeito".[10] Pai como nome, pura metáfora, mas não só pai como nome, também pai como nomeante.[11]

Viga mestra da estrutura subjetiva, o pai simbólico — Nome-do-Pai — é rigorosamente um nome, um significante, o significante por excelência que nomeia como sexual o obscuro desejo da mãe. O pai é nome que corta. Corte na carne para produzir o sexual — *secare* quer dizer separar, seccionar. O pai separa da mãe o filho, apontando para ambos um alhures onde acena o desejo, um desejo para além da mãe e do filho.

Essa é a Lei do Pai, lei da castração e do desejo que vincula num destino indissociável desejo e lei. Assim é que, a um só tempo, o pai é princípio de separação e união: significante de um pacto, separa o vivo de seu gozo, instaurando uma regulação deste último que transforma o vivente em sujeito e o gozo em desejo, desejo que só se constitui nessa relação interna e necessária com a lei: "A castração quer dizer que é preciso que o gozo seja recusado para que possa ser atingido na escala invertida da Lei do desejo".[12]

O Pai, com sua lei, interdita, separa, veta o gozo absoluto, impossibilita a plenitude, ao mesmo tempo que liga o sujeito à vida, no que a vida do ser falante é sujeição à Lei. E, ao submetê-lo à lei e ao limite, propicia o gozo fálico e cria o desejo, esse movimento incessante que não para de insistir na busca fascinante e temível de uma completude impossível.

Resposta ao enigma do desejo da mãe, a metáfora paterna é invenção de sentido para dar conta do segredo desse vaivém, presença-ausência do Outro, lugar de desejo e mistério.

A ideia de que a resposta é a morte da pergunta não convém à metáfora paterna. Ao fazer brotar do sem sentido o sentido, conservando o primeiro no coração do segundo, a metáfora paterna, resposta não toda, mantém o vigor da questão, sustenta vivo o enigma onde pulsa o desejo. E aí, nesse ponto de não resposta, nesse vazio de significação é que habita o Pai morto — Nome-do-Pai —, esse puro significante, um traço, um número, um nome para o desejo.

"*Che vuoi?*", "Que queres?". A pergunta do Diabo amoroso de Cazotte ao jovem cheio de ambição põe em cena a verdade do desejo — fascínio e horror — com seus perigos e ardis. "Que queres?" é a pergunta angustiada que cada sujeito repete ao

A psicose e o simbólico   41

se defrontar com o desejo do Outro. E então, uma palavra, uma proposição, uma frase, necessário se faz encontrar para mitigar a angústia suscitada por esse desejo sempre e por natureza obscuro: "Frases! Frases! Como se não fosse o consolo de todos, diante de um fato que não se explica, diante de um mal que nos consome, achar uma palavra que não diz nada e que nos aquieta!".[13] O Nome-do-Pai é a condição de possibilidade desse achado — a significação fálica —, paradigma de toda significação.

A significação, ao lado da designação e da manifestação, constitui uma das dimensões ordinárias da proposição. Comprometida numa relação da palavra com conceitos universais e gerais, destina-se, em seu mister, a produzir efeitos de verdade.[14]

Calcada na primazia do falo, esse significante destinado a designar, em seu conjunto, os efeitos de significado,[15] a significação fálica, ao mesmo tempo que suscita o efeito de verdade, aponta aí mesmo para algo irredutível que não se deixa apreender numa ilusão totalizante. Aqui a certeza é vizinha da dúvida, a evidência do equívoco. Por mais que se diga, há algo que não vem à luz, algo que falta para ser articulado, que é articulável mas que escapa à articulação. Há qualquer coisa que insiste como enigma, "alguma coisa que não se confunde nem com a proposição, nem com o objeto ou estado de coisas que ela designa, nem com o vivido, a representação ou a atividade mental daquele que se expressa na proposição, nem com os conceitos ou mesmo as essências significadas".[16] Essa alguma coisa é o sentido.

Dimensão nobre da proposição, o sentido é esse "a mais" que envolve e permeia a significação, constituindo-a como verdade não toda, saber não absoluto. O sentido faz da significação qualquer coisa de parcial, meia verdade. Numa relação interior e necessária, direito e avesso de um mesmo tecido, o sentido convive e vincula-se ao não sentido, essa figura complexa, síntese de falta e excesso de produção de sentido. É que o não senso, por não possuir nenhum sentido particular, abre-se à multiplicidade de sentidos possíveis, produzindo-o em excesso, opondo-se assim não ao sentido mas à sua ausência.[17]

Sempre atravessado pela diferença, pelo corte e pelo limite — nomes próprios da castração —, o sentido é a fronteira onde vem se instalar a significação fálica, essa significação genérica e prototípica que, com suas leis gerais e conceitos universais, constitui uma superfície de consenso, fundamento de uma realidade compartilhável. Realidade mágica, efeito de uma ilusão apaziguadora que reduz e simplifica, sob a primazia do falo, a diversidade exuberante de mundos e significações possíveis.

A significação fálica pode, entretanto, não advir. É esse o principal efeito da foraclusão do Nome-do-Pai, falência do significante agente da metáfora paterna. Ivan, esquizofrênico, oferece-nos em sua fala um exemplo lapidar desse não advento da significação fálica, dano maior da foraclusão do Nome-do-Pai, esse acidente estrutural pleno de consequências: "Eu ouvia 'Banana', 'Banana', e não compreendia... Sabia que era alimentação, mas não compreendia. Depois Deus me botou a pedrinha na cabeça — aí eu tive compreensão, aí eu compreendi: 'Banana'!".

A ausência de significação fálica cria, no discurso, um vácuo de consequências devastadoras para o sujeito, que, sem prumo nem rumo, vem perder-se num torvelinho, verdadeira avalanche de significações sem que nenhuma lhe baste. Nesse

A psicose e o simbólico 43

redemoinho, os significantes disseminados numa proliferação impotente são reduzidos a signos vazios de sentido, meros estilhaços ao léu. Excesso e falta aqui são termos homogêneos que se entrelaçam, cúmplices, fazendo-se testemunhos de uma catástrofe que se abateu sobre a relação do sujeito com a linguagem. Dessa catástrofe de efeitos letais emerge um sujeito dilacerado por sentimentos de perdição e errância, um sujeito à deriva, sem arrimo do significante, um ser desvalido de todo porto, de todo ponto de referência. É desse sujeito em seu sofrer que nos fala Artaud:

> O difícil é encontrar seu lugar e reencontrar a comunicação consigo. O todo está numa certa floculação das coisas, na reunião de toda essa pedraria mental em torno de um ponto que é justamente para ser reencontrado. [...]
> Vocês sabem o que é a sensibilidade suspensa, essa espécie de vitalidade terrífica e cindida em dois, esse ponto de coesão necessário ao qual o ser não se eleva mais, esse lugar ameaçador, esse lugar aterrador?[18]

A catástrofe de que se trata, fruto de um mau encontro — encontro foracluído —, passa-se num lugar onde o Nome-do-Pai é chamado e não responde, região em que a seu chamado responde no Outro um puro e simples buraco. A esse acidente silencioso mas de consequências sempre ruidosas Lacan nomeou foraclusão do Nome-do-Pai,[19] sendo o termo "foraclusão" (*forclusion*) o escolhido para traduzir a *Verwerfung* freudiana.

Rara em Freud, a *Verwerfung* foi alçada, na leitura de Lacan, à categoria de conceito que determina a especificidade das psicoses. No entanto, antes que chegasse à tradução e à conceituação mais acabada da *Verwerfung*, Lacan elaborou acepções distintas para o termo "foraclusão". Assim é que, num texto de 1954, "Resposta ao comentário de Jean Hyppolite sobre a *Verneinung* de Freud", onde a palavra "foraclusão" ainda não aparece, Lacan nos fala, por um lado, de uma *Verwerfung* estruturante situada no mesmo nível que a *Ausstossung* e o recalcamento primário freudianos, constitutiva do sujeito e do discurso, e, por outro lado, encontramos aí uma outra *Verwerfung* de valor patógeno, mecanismo do qual o sujeito se vale para não saber nada a respeito da castração. É o que ele chama "não *Bejahung*", não afirmação, não admissão, não inscrição de algo no registro simbólico. Poder-se-ia dizer desta última noção que se trata aí da foraclusão da castração cujo efeito se manifesta sob a forma terrificante da alucinação, retorno no real desse algo não inscrito, experiência da qual o Homem dos Lobos, mudo e imóvel diante do horror da alucinação de seu dedo cortado, oferece-nos o exemplo.

Em 1959, no seminário *O desejo e sua interpretação*, Lacan introduz numa rápida pincelada a noção de foraclusão parcial do complexo de castração à qual atribui o medo da afânise nos sujeitos neuróticos.

É no seu texto maior sobre as psicoses, "De uma questão preliminar a todo tratamento possível da psicose", que Lacan irá encontrar o termo que será a sua tradução consagrada da *Verwerfung* e o conceito divisor de águas entre os campos estruturalmente distintos da neurose e da psicose. Trata-se da foraclusão, foraclusão do significante, de um significante primordial, foraclusão do Nome-do-Pai: "A *Verwerfung* será então sustentada por nós como *foraclusão* do significante".[20]

A psicose e o simbólico   45

E adiante: "É num acidente desse registro [simbólico] e do que se realiza aí, a saber, a foraclusão do Nome-do-Pai no lugar do Outro, e no fracasso da metáfora paterna que nós designamos a falha que dá à psicose sua condição essencial, com a estrutura que a separa da neurose".[21]

Acidente de graves consequências, todas elas giram em torno da falência da Lei — lei da simbolização, lei edípica, lei fálica que esquadrinha os sujeitos, partilha os sexos, fazendo cada um acomodar-se no mundo, arranjar-se aí para ser o que admitiu que fosse: "Um homem quando se vê sendo do sexo masculino ou uma mulher em caso inverso".[22] É assim que, na ausência dessa lei, surpreendemos a inquietação dos corpos e o tumulto das falas — corpos que pedem definição e falas varadas pelo absoluto das certezas contraditórias, corpos e falas testemunhos da errância do sujeito: "Não tenho forma", dizia um esquizofrênico, "não tenho número. Sou o sem-número, sou o que caminha", puro fluxo, aberto. Um outro afirma imponente: "Sou homem, macho, machão, cago na cabeça de todo mundo, mando tomar no cu!". Instantes depois, outra tonalidade, outra expressão do corpo, do rosto, da voz, o mesmo paciente diz: "Eu mando amor para ele, o A. É assim: eu canto músicas de amor, eu mando músicas de amor pra ele, por mediunidade, só no pensamento". Logo depois, me pergunta num sobressalto:

— Você gosta mais de homem homem ou de homem bichinha? Tem uns caras que parecem uns veadinhos. Eu sou mais homem... O que faz a diferença é forçar a calota (craniana). Eu tava agora forçando a calota pensando no Marcello Mastroianni... Tem homem mais homem... Não tem mulher mais mulher que você?

— Como assim?

— Assim, mais macha, grosseira!

Da foraclusão como acidente no plano simbólico, a linguagem teria necessariamente que nos dar provas, ou ao menos pistas. De fato, encontramo-las nas psicoses, em particular nas psicoses esquizofrênicas, nas quais, mais generosamente que na paranoia, nos é oferecida, ao nível da fala e da escrita dos pacientes, uma profusão de neologismos, frases quebradas, preciosismos na articulação das palavras, maneirismos na disposição da escritura, reiteração de letras, palavras e signos.

Lacan encontrou nos distúrbios da linguagem um elemento privilegiado da experiência psicótica e exigiu — exigência relativizada num momento posterior de seu ensino — que, para o diagnóstico da psicose, tais distúrbios se fizessem presentes.[23] É que na psicose, como talvez em nenhuma outra experiência clínica, podemos observar a aventura das palavras por metamorfoses sucessivas que as transformam em coisas, coisas que, por sua vez, são tratadas como objetos — objetos parciais, fragmentos, restos impossíveis de totalizar, pedaços que representam pedaços, objetos de asco e horror, abjetos. Palavra e coisa se imbricam, interpenetram-se, encaixam-se. As palavras perdem seu estatuto singular, confundem-se com as coisas. Ganham substância, textura física, tornam-se sons penetrantes, letras cortantes, farpas que afetam, invadem o corpo. A palavra se transforma em som e o som, em coisa. Exemplo, a queixa aflita de B.: "As vozes ficam me sacaneando. Elas ficam falando assim: 'maracujá', 'cuador', 'feliz ânus novo!'". Um outro paciente, após a enfermeira ter-lhe tirado a pressão, coloca-se numa postura corporal de completo relaxamento.

A psicose e o simbólico   47

Perguntado sobre o porquê dessa posição, responde: "Você não tirou a minha pressão?".

Da transformação da palavra em coisa, exemplo contundente encontramos em Wolfson, esquizofrênico que se celebrizou pela publicação de um livro — *Le Schizo et les langues* — no qual descreve, sob a forma de um protocolo de atividades, seus procedimentos linguísticos para defender-se das palavras de sua língua materna, "essa maldita língua, o inglês". Assim é que se dedicou a estudar línguas estrangeiras para traduzir automaticamente, "o mais rápido possível", as palavras ouvidas na língua materna. Isso porque não suporta ouvir sua mãe falar. Cada palavra que ela pronuncia o fere, o penetra, ecoa em sua cabeça com um timbre de terror e aniquilação. Ele mesmo o diz e escreve, sempre em terceira pessoa e de modo impessoal:

> Esse tom de triunfo com que ela teria pensado penetrar seu filho esquizofrênico com palavras inglesas [...] parecendo tão cheia de uma espécie de alegria macabra por essa boa oportunidade de injetar, de algum modo, as palavras que saíam da sua boca nos ouvidos de seu filho, seu único filho — ou, como ela lhe dissera de vez em quando, sua única posse —, parecendo tão feliz de fazer vibrar o tímpano dessa única posse, e por consequência os ossinhos do ouvido médio da dita posse, seu filho, em uníssono quase exato com as suas cordas vocais, e a despeito de que ele as tivesse.[24]

Coisa nociva, coisa ruim — eis o estatuto dessa palavra materna que em Wolfson é causa de "reações às vezes tão agudas que lhe era mesmo doloroso escutá-la se não pudesse, rápido,

48   *A psicose*

converter os vocábulos em palavras estrangeiras ou destruí-las no espírito".[25]

Dizer que a palavra se transformou em coisa é dizer que ela perdeu o sentido — essa fronteira que separa coisa e palavra, corpo e linguagem, profundidade e superfície, ruído e voz. Essa fronteira se acha rompida na psicose. Aqui tudo se mistura, se interpenetra, se encaixa. Vozes, ruídos, palavras invadem o corpo. Geraldo, esquizofrênico, foi encontrado na enfermaria andando a passos rápidos, articulando ininteligíveis sons, ora com voz fina, ora com voz rouca. Seu corpo, confundido com os grotescos ruídos que lançava, fazia de si um possuído à mercê duma força insólita que o coagia a falar sem parar outras palavras, loucas palavras reduzidas a uma pura materialidade sonora ou mesmo de outra natureza. Quando, um dia, Geraldo pôde voltar a se comunicar, disse: "Elas (as vozes) falam por minha boca, eu sou coagido por elas". E referindo-se àquelas com timbre feminino: "É uma voz que evapora podre". Um outro vaga pelas ruas torturado pelo assédio de letras que saem da boca dos passantes e formam palavras ruidosas que "entram em minha mente e ficam lá: 'Veado! Veado!'".

Artaud, gênio e louco, maior entre os maiores, fala de uma radical experiência em que palavra e corpo se trespassam, letra e órgão se interpenetram:

> O que saía do baço ou do fígado vinha em forma de letras de um antiquíssimo e misterioso alfabeto mastigado por uma boca enorme mas assustadoramente pressionada, orgulhosa, ilegível, ciosa de sua invisibilidade [...] do lado do meu baço foi cavado um vazio imenso que se coloriu de cinza e rosa como a beira-mar.

A psicose e o simbólico

E ao fundo do vazio surgiu a forma de uma raiz que dava à costa, espécie de *J* que tivesse ao alto três ramos encimados por um E triste e brilhante como um olho. Da orelha esquerda do *J* saíram chamas e, ao passarem por trás dele, parecia que empurravam todas as coisas para a direita, para o lado do meu fígado, mas muito para além dele.[26]

Manifestação das mais expressivas da transformação da palavra em coisa é o neologismo, uma palavra insólita, inusitada, absolutamente densa ou absolutamente vazia que cai por seu próprio peso e não remete a nenhuma outra significação. O neologismo subverte uma qualidade essencial do significante e perverte a natureza da significação — a de remeter sempre a um outro significante e de reenviar sempre a uma outra significação. O neologismo é essa figura impassível da linguagem psicótica que encerra e encarcera em si, e de modo irredutível, todo sentido, toda significação.[27] Um dia, conversando com um interno, paranoico de longa data, observei em sua fala a presença de palavras inteiramente originais. Tomei uma daquelas que mais me impressionou e perguntei: "David, não entendi essa palavra, *flescíficas*. O que quer dizer?". Ele respondeu, imperturbável: "É isso mesmo".

O neologismo é uma "palavra-valise", palavra esotérica que detém em si mesma todo o sentimento do mundo.[28] Encontrar uma palavra assim, um significante absoluto que diria tudo por intuição, tal era a ambição de Schreber,[29] "esse talentoso paranoico" que com suas memórias inspirou Freud a construir o essencial da teoria psicanalítica sobre a paranoia.

A palavra que perdeu o sentido produz ainda um outro efeito no universo do psicótico — um efeito de perseguição e tirania. Como tal, essa palavra coisificada tiraniza, violenta, obriga a pensar, a procurar uma significação. O mundo se transforma num vasto lençol de hieróglifos. A palavra que perde o sentido torna-se signo, representa algo para alguém, algo enigmático que é preciso interpretar, algo que força, coage, obriga a decifrar. Tudo se torna signo: gestos, sensações, atos, fatos, olhares, falas, escritos. Entretanto, na psicose está em falência a propriedade mesma de significar, em consequência do desastre que impossibilitou a construção da metáfora paterna e o advento da significação fálica. Aqui nenhuma significação é dotada de consistência suficiente para barrar o movimento incessante que obriga compulsivamente a pensar. Na busca sempre malograda de significação, uma palavra remete continuamente a outra sem que um ponto de basta venha ancorar o discurso do sujeito: "Eu não paro de pensar", diz Ella, moça esquizofrênica de 26 anos, "penso demais... tudo, qualquer coisa. Tenho que tomar Haldol pra parar de pensar". Um outro paciente, Ivan, em seus momentos mais críticos mergulha num redemoinho de perguntas cujas respostas, que ele próprio encontra, se transformam de imediato em novas perguntas:

— Fazer as coisas forçado ou à vontade?

— ...

— Forçado!

— ...

— Forçado com ódio ou forçado sem ódio?

— ...

— Forçado sem ódio!

— ...

A psicose e o simbólico

— O dinheiro é limpo ou sujo?

— ...

— É limpo!... Mas o mendigo pegou, aí ficou sujo...

— ...

— Mas foi passando de mão em mão, aí ficou limpo.

— ...

— Mas aí, é limpo ou é sujo-limpo?

Essa palavra que reenvia incessantemente a outra, numa verdadeira cascata de significações, é responsável por um fenômeno descrito e nomeado pelos clássicos como verborreia. Perturbação psicótica da linguagem, a verborreia é um falar ininterrupto, uma infinita digressão, uma torrente de palavras que se sucedem *ad nauseam*. David nos testemunha essa experiência: num fôlego só, respiração ofegante, voz alterada e tropeçando de vez em quando nas palavras, que parecem rolar umas sobre as outras, discorre:

Das pinhoridades das inhadas das operações das escoptar. Das pinhoridades das conviver das instituintes das reconciliações das ezentificais das operações das indiretas das lâmpadas das maravilhosas. Das reticenciais das irretangular das reconciliadas das recomendações das irretangular das irretaguarda das reticenciais das operações das escoptar das pinhoridades dos ezentificais dos tratamentos. Das reticenciais das lâmpadas das maravilhosas das terras. Das reticenciais das germinárias das pinhoridades das lâmpadas das maravilhosas das terras. Das reticenciais das pinhoridades das irretaguarda das terras. Das ezentificais das germinárias das fumaças das germinárias das cavidades.

Da experiência psicótica, em meio à profusão de fenômenos que a atravessam, Lacan isolou a alucinação verbal como sendo um dos fenômenos mais eloquentes que dizem de um grave desarranjo da função da linguagem. É certo, no entanto, que a tensão do acontecimento alucinatório não se reduz a um transtorno de ordem simbólica — num nível mais fundamental encontramos no fato alucinatório a emergência, o reaparecimento de algo não simbolizado, de um real irredutível, de um acaso traumático desprovido de todo sentido.

Presença fiel em todos os grandes quadros psicóticos — exceção feita à paranoia* —, a alucinação verbal figura como uma das suas mais importantes manifestações clínicas. Experimentadas como "vozes" de um outro sempre estranho que se faz ouvir, as alucinações verbais são entretanto palavras e frases pronunciadas pelo próprio alucinado à sua revelia e sem que possa se dar conta de seu ato.

Do ponto de vista de sua articulação, as alucinações verbais podem ir de um mero sentimento de que as palavras são pronunciadas sem que nenhum componente motor se atualize (alucinações cenestésico-verbais), passando por um esboço tímido de articulação em que algumas palavras são passíveis de serem ouvidas pelo observador (alucinações motoras-verbais completas), até chegarem à articulação e à fonação completas de palavras e frases (impulsões verbais).

---

* Trata-se aqui do que é considerado por Kraepelin, na sexta edição de seu tratado, a verdadeira paranoia ou paranoia stricto sensu. Não confundir, portanto, tal entidade nosológica com o que os antigos autores chamavam de loucura sensorial ou paranoia alucinatória.

A psicose e o simbólico   53

Um dado comum perpassa todas as formas sintomáticas das alucinações verbais — é a queixa do paciente de ouvir. Ouvir aqui designa a atitude receptiva com a qual o paciente acolhe as palavras e frases que lhe vêm sem que ele queira ou espere. Ouvir aqui "não implica de modo algum a percepção de um som, a tal ponto que Cramer pôde falar em alucinações auditivas de um surdo-mudo: eram alucinações faladas".[30] A tais alucinações, melhor seria chamá-las auditivo-verbais — como o faz, por exemplo, Henry Ey —, já que toda alucinação verbal comporta uma atitude receptiva, e atitude receptiva em relação às palavras é ouvir. "Toda alucinação verbal é auditiva se se quer designar por isso tão somente uma atitude receptiva, sem prejulgar a sensorialidade, os caracteres acústicos das falas ouvidas."[31]

Na forma de "vozes" interiores ou exteriores, ameaçadoras ou protetoras, a incentivar ou a ridicularizar o paciente, comentando seus atos e pensamentos ou antecipando-os, as alucinações auditivo-verbais constituem o sintoma central da síndrome de automatismo mental, síndrome S de Clérambault, considerada a célula nuclear das psicoses alucinatórias crônicas — um grupo de psicoses delirante-alucinatórias "baseadas na síndrome de automatismo mental que constitui o seu núcleo e cuja superestrutura delirante constitui uma ideação agregada".[32]

A alucinação auditivo-verbal é fala alienada e enquanto tal evidencia uma dimensão essencial do viver psicótico: sua exterioridade em relação ao conjunto do aparelho da linguagem.[33] É dessa posição de exterioridade que lhe é dado saber o que está velado ao neurótico — a estrutura da linguagem, sua ordenação, seu segredo. A partir dessa perspectiva, o psicótico vem a saber que a linguagem está fora, se forma no Outro, fala sozinha e impõe suas leis. É esse saber que lhe rouba a ilusão, tão cara aos neuróticos, de que falamos quando na verdade somos falados. É esse saber que lhe anuncia a defasagem entre enunciado e enunciação, desarmonia que não ouvimos e que ele escuta como "ecos do pensamento" — vozes que, a priori ou a posteriori, comentam seus pensamentos e atos. É esse saber que lhe desvela sem meias palavras sua condição de servo da linguagem, "marionete de um discurso cuja sintaxe preexiste a toda inscrição subjetiva".[34] É esse saber que o distingue do neurótico, aquele que por sua ignorância e providencial inconsciência desconhece as leis da linguagem, assim como as da aliança e do parentesco, podendo crer confortavelmente na liberdade das escolhas.[35] É esse saber que o faz ouvinte-testemunha do inconsciente, essa modulação contínua de uma frase interior que o neurótico não ouve — e se ouve não leva a sério —, afetado que está por uma oportuna surdez que lhe garante uma certa distensão no viver, ausente na experiência psicótica.

Essa articulação contínua que organiza nossas ações como ações faladas, ela é muda na neurose. As mil realidades que nos envolvem, os diversos mundos que nos contemplam operam como um silencioso fundo intangível. Imperceptível, dele não nos damos conta, ou não o levamos em consideração.

Na psicose é diferente. O mundo se faz barulho, um barulho infernal, "uma espécie de zumbido infernal, verdadeira zorra",[36] rumor aturdido do significante em que nem mesmo os objetos inanimados são poupados de "fala": "Os objetos falam... quando tá tudo bem, 'meu querido...', e quando não, 'veado... veado!'. A imagem de Cristo fala: 'Não fume!'", diz Fernando.

A psicose e o simbólico   55

Vinda sempre do Outro, de Outro lugar, a linguagem na psicose fala sozinha e se impõe com violência, uma violência surgida sempre do exterior, estrangeira. Uma estranha violência que, a despeito de sua crueza, não consegue morder, fisgar o corpo.

As queixas de despedaçamento e deterioração dos órgãos internos, tão frequentes nas psicoses, sobretudo as esquizofrênicas, testemunham uma falência da cadeia significante em articular os órgãos como organismo e o organismo como um corpo. Sabe-se, com Lacan, que é o corpo simbólico, a linguagem, que produz o corpo como imaginário, o corpo como imagem, esse corpo que cada um carrega e com o qual convive mais ou menos constrangido, mais ou menos à vontade.[37]

Para que o corpo possa se constituir enquanto imagem corporal é preciso que a linguagem, no exercício de sua função significante, escolha um e apenas um órgão para fazê-lo órgão-significante — falo —, deixando os outros em seu estatuto de realidade corporal. É isso que ocorre, por exemplo, na neurose em que o pênis e só ele é escolhido para ser levado à categoria de significante. Aqui a linguagem fisga um ponto e, certeira, atinge o alvo onde se ancorar no corpo.

Ocorre o avesso na psicose. Aqui, alvejando às cegas, a linguagem não consegue escolher um órgão como significante — no que todos são objetos de escolha, nenhum é escolhido. Atingidos por esse processo enlouquecido e generalizado de significação, os órgãos acabam por serem destituídos de sua realidade corporal. Tatuados pelo aguilhão significante, transformam-se em órgãos significantes e, como o falo, não mais habitam o interior do corpo, não mais partilham desse corpo dito próprio, corpo-imagem do sujeito — são significantes, habitam o exterior, fazem parte do corpo simbólico, corpo do Outro, mais além do sujeito.

É assim que, em muitos relatos de esquizofrênicos, ouvimos que os órgãos estão fora do corpo, servem a inusitadas funções e vivem à deriva, e, em vez de formarem o organismo, constituem-se como um corpo extraordinário, miraculoso, desdobrado e múltiplo, um corpo que não se toca nunca, como o diz Artaud, um corpo sangue e ossos, um "corpo-sem-órgãos".[38] Quanto a esse conceito, Lacan vem oferecer uma precisão:

> As produções mais recentes sobre a temática do corpo sem órgãos são um modo de esclarecer algo que se chama a esquizofrenia. Nela a linguagem não consegue fincar-se no corpo, quer dizer, não é que o corpo esteja sem órgãos, há pelo menos um que é a linguagem, porque se há algo no qual o esquizofrênico nada é nesse manejo enlouquecido da linguagem, porém simplesmente não consegue que se finque sobre um corpo.[39]

Ivan, paciente esquizofrênico, fala apontando lugares em sua cabeça e rosto onde uma sequência de palavras de ordem, palavras impostas — "é posto, imposto", diz ele —, circulam à deriva:

> Deus botou na minha cabeça *circo, comédia* e *amor.* Quem não sabe do amor é uma comédia. O circo vem do Milton Nascimento: nada de retardado que entende tudo; nada de maluco que não faz maluquice, nem de babaca que não faz babaquice; nem de veado, nem de idiota, nem de ignorante, nem de burro, nem de

A psicose e o simbólico 57

tarado, nem de débil mental, nem de otário, nem de deficiente, insuficiente, inconsciente, inconsequente; entendo tudo, sou superesperto, pensamento para fazer as coisas, imaginação, sou palhaço, entendo tudo, tenho estudo, compreensão, respeito; tomar os remédios, não fumar, comer nas horas certas, se masturbar...

Em sua modalidade mais característica de palavras soltas e frases cortadas que se impõem arbitrariamente ao sujeito, a alucinação verbal evidencia uma decomposição da função da linguagem no que implica quebra da cadeia simbólica e atividade anômala do significante. Surpreendemos aí um significante no real: significante que não faz cadeia e que não remete a um outro, perdendo assim seu estatuto de significante, reduzindo-se a mero índice de um real indizível. Schreber nos relata o assédio de vozes organizadas no "sistema do não-falar-até-o-fim": vozes que repetiam frases incompletas, "conjunções isoladas ou locuções adverbiais destinadas a introduzir orações secundárias", deixando a Schreber a tarefa de completá-las.[40] Lacan observa que "a frase se interrompe onde termina o grupo de palavras que se poderia chamar termos-índex [...] *shifters*, ou seja, precisamente os termos que no código indicam a posição do sujeito a partir da própria mensagem",[41] um sujeito concebido como falta de ser, sujeito sem substância, puro efeito de significação, evanescente resposta do real.[42]

Sublinhando a pertinência linguística dos fenômenos psicóticos, Lacan estudou a alucinação verbal e o neologismo como fenômenos concernentes a duas dimensões constitutivas da língua: o código e a mensagem.

Por um lado, as alucinações verbais, especialmente na forma de frases interrompidas, podem ser lidas como fenômenos de mensagem, no que elas valem enquanto tais, ainda que reduzidas a um ponto no código ocupado pelo sujeito na mensagem. Por outro lado, os neologismos se organizam em muitos psicóticos como um novo código, uma "nova língua". Assim ocorreu com Schreber e sua língua fundamental, a *Grundsprache*, uma língua feita de arcaísmos e palavras originais, tanto por sua forma quanto por seu emprego. Um novo código constituído de mensagens sobre o código, já que "as vozes" não só ditavam novas palavras como informavam sobre a forma de emprego dos vocábulos nessa nova língua.

David organizou um alfabeto, "o alfabeto americano", cuja grafia e fonética inteiramente originais fizeram nascer "outras palavras".

Qorpo-Santo, nosso mestre maior do teatro do absurdo, propôs, no vigor de sua loucura, destruir a antiga ortografia, romper com o passado e as origens e criar um novo modo de escrever baseado em critérios de simplificação da velha grafia portuguesa.

Quando escrevo, penso, e procuro conhecer o que é necessário, e o que não é, e assim como quando me é necessário gastar cinco, por exemplo, não gasto seis, nem duas vezes cinco, assim também quando preciso escrever palavras em que usam letras dobradas, mas em que uma delas é inútil, suprimo uma e digo: diminua-se com essa letra um inimigo do império do Brasil! Além disso, pergunto: que mulher veste dois vestidos, um por cima do outro? Que homem, duas calças!? Quem põe dois chapéus para cobrir uma só cabeça!? Quem usará ou que militar trará à cinta duas espadas! Eis por que também muitas vezes eu deixo de escrever certas inutilidades! Bem sei que a razão é; assim se escreve no grego, no latim, e em outras línguas de que tais palavras se derivam, mas vocês que querem, se eu penso ser assim mais fácil e cômodo a todos!? Finalmente, fixemos a nossa língua, e não nos importemos com as origens![43]

Escrita de David, segundo o "alfabeto americano".

As demolições, os desmoronamentos, os cismos, a derrocada enfim, que a foraclusão do Nome-do-Pai determina e que constitui a dimensão cataclísmica da experiência psicótica não nos deve impedir de ver que aí onde o Nome-do-Pai foracluído impossibilita a metáfora paterna, aí mesmo vem se ordenar um trabalho de reconstrução, criador de um novo mundo de significações; é o delírio, a metáfora delirante, teia de palavras e imagens, substituto do Nome-do-Pai, mais do que isso, um dos Nomes-do-Pai, do qual seguiremos tratando ao pensarmos a psicose em suas relações com o imaginário.

2. A psicose e o imaginário

UMA DAS DIMENSÕES DO ESPAÇO habitado pelo falante,[1] o imaginário, é a ordem constituída pelas imagens e pela libido, esse elemento sexual, vital, que, partindo do corpo como fonte, circula entre as imagens — eu e imagem do eu — ao mesmo tempo que lhes dá sua necessária sustentação.

Dizer que o imaginário é ordem é fazer referência explícita à instância simbólica, presença obrigatória na estruturação do imaginário especificamente humano em que todo papel desempenhado pela imagem é ressignificado pela ordem simbólica.

Lugar onde nasce o eu, imagem corporal, imagem privilegiada para todo homem, o imaginário tem como referência central o corpo, a forma e a consistência do corpo próprio, e tudo aquilo que de erótico e libidinal gira e se organiza aí.

As questões concernentes ao imaginário são articuladas em Freud no campo privilegiado da teoria do narcisismo — uma teoria do eu e das relações do eu com os objetos em que a energia sexual, a libido, é tematizada como condição necessária sem a qual nenhuma organização psíquica, nada relativo à ordem do sujeito e do desejo, viria a se constituir.

Em seu texto príncipe "Sobre o narcisismo: Uma introdução",[2] Freud parte da ideia de um narcisismo primário, um estado no qual inexiste qualquer estrutura semelhante ao eu, servindo o corpo próprio como sede, lugar de surgimento das pulsões que aí, no ponto mesmo em que irrompem, encontram logo sua satisfação. Satisfação cujo modo é dito autoerótico, nome paradoxal que faz referência a um *auto* mas que só subsiste da mais radical ausência de um eu, que só vigora a partir da mais nua carência de *si mesmo*. Entretanto, há que relativizar o afirmado para dizer que o narcisismo primário implica o traço esboçado, ensaio de um eu desenhado, por mãos e olhos dos pais que reatualizam na criança — "sua majestade o bebê" — as imagens perdidas de seu antigo narcisismo. Herança dos pais, o narcisismo primário é a primeira fortuna, cabedal de estima-de-si que o sujeito encontra para constituir um eu. Um eu que logo será tensionado em direção ao objeto, atraído e siderado pelo mundo exterior onde investirá sua libido, privilegiando aí objetos que se construirão como objetos da pulsão. Objetos que, por sua vez, num movimento de reversão e retorno, de novo irão derramar no eu a libido anteriormente neles investida. É o narcisismo secundário, estase de libido no eu, que nenhum investimento de objeto pode inteiramente esvaziar ou suprimir e que é a estrutura mesma do eu como objeto privilegiado da libido.

O surgimento do eu foi pensado por Freud como efeito de "uma nova ação psíquica" que viria ordenar e substituir o caos das pulsões parciais — essa anarquia libidinal própria do autoerotismo — por uma imagem unitária e totalizante, fonte de todo erotismo como sentimento de si. Enigma proposto mas não desvelado, essa "nova ação psíquica" estruturante do narcisismo foi tematizada por Lacan em sua concepção da fase do espelho, uma teoria da organização imaginária do sujeito, teoria da formação do eu.

A fase do espelho "é a aventura original através da qual, pela primeira vez, o homem passa pela experiência de que se vê, se

A psicose e o imaginário   63

reflete e se concebe como corpo outro que não ele mesmo".[3]
Um outro cuja imagem, a um só tempo, o fixa enquanto eu
e o aliena enquanto outro, imagem na qual se reconhece, se
identifica e se deixa cativar, fascinado pelo sentimento de si que
a imagem especular lhe suscita. Única maneira de perceber-se a
si mesmo, o outro é tomado pelo eu — "eu é um outro".[4] Aqui
se superpõem investimento libidinal e identificação — trata-se,
por conseguinte, de paixão, "essa ilusão fundamental da qual o
homem é servo, bem mais que de todas as 'paixões do corpo',
no sentido cartesiano, essa paixão de ser um homem [...] que
é a paixão da alma por excelência, o narcisismo".[5]

Lacan nos convidou a compreender a fase do espelho como
uma identificação, ou seja, como "a transformação produzida
no sujeito quando ele assume uma imagem".[6] Na criança de
seis a dezoito meses, essa experiência se revela por uma efusão
de júbilo quando, fascinada, percebe e reconhece a própria
imagem no espelho. O interesse lúdico e o júbilo triunfal que
marcam essa descoberta advêm ambos da ilusão de completude que a imagem especular oferece à criança — imagem
integrada e unitária daquilo que, na sua experiência de *infans*,
é pura descoordenação motora, fragmentação e falta. Através
da imagem cuja forma cria a ilusão de plenitude, o espelho
antecipa para a criança seu amadurecimento corporal ainda
inacabado e cobre, complacente, o que não é mais que precariedade e insuficiência.

Ainda que tenha sido elaborada como um momento do desenvolvimento do sujeito, a fase do espelho não se reduz a
uma referência genética. Torna-se aqui essencial ressaltar o
seu valor estruturante e paradigmático no que toca às relações do sujeito com seu semelhante. Relações de dualidade e

ambivalência que portam consigo o selo da tensão agressiva cujas amarras são o ódio e o fascínio, figuras da captura erótica consequente à confrontação entre o pouco de ser do sujeito e a plenitude imaginária do outro — esse outro que é seu duplo, personagem irredutivelmente ambíguo, mensageiro de uma inquietante estranheza, estranho e familiar, garantia de imortalidade e anunciador da morte, detentor das perfeições e pecados do sujeito, objeto de enamoramento e horror.[7]

A fase do espelho é exemplo e modelo da dimensão imaginária no que esse registro concerne à ilusão de unidade, completude, consistência, por um lado, e à verdade do desamparo, insuficiência, alienação e dependência, por outro. Teia de enganos onde vigora a imagem, potência da ilusão, o imaginário é essa ordem que "se baseia no reflexo do semelhante ao semelhante"[8] e onde se encena tudo o que é da ordem da paixão, e onde o eu, alienado e dependente, se debate num movimento de báscula indecidível do um ao outro, do amor ao ódio, da completude à falta, da submissa captura erótica ao ímpeto de destruição, da exclusão à intrusão e à dependência do outro, do aniquilamento ao júbilo.

Entretanto seria errôneo pensar o imaginário tão somente como engano e ilusão, ambivalência irredutível, báscula indecidível entre amor e ódio — "hainamoration", neologismo cunhado por Lacan para dizer da enamoração feita de ódio. Nas suas elaborações mais avançadas que transcorrem entre os anos 1966 e 1980, encontramos em Lacan um outro imaginário. Um imaginário definido como "lugar onde toda verdade se enuncia",[9] um imaginário regido por um novo estatuto. O estatuto geométrico, o do espaço de duas dimensões, o do aparelho plano, cede lugar à topologia do nó borromeano

A psicose e o imaginário

— cadeia mínima de três elos equivalentes que se atam mantendo a propriedade de se desatarem todos se um deles vier a se romper. A cadeia borromeana, esse nó feito de buracos — os elos são vazios contornados por uma borda —, é a condição de possibilidade de um novo espaço referido não mais à completude da figura do espelho, mas à potência do vazio. O primeiro imaginário, o imaginário do narcisismo, da imagem completa do semelhante fundando a imagem do eu, esse imaginário dá lugar a um outro, onde, a partir do furo, do vazio da imagem ($-\varphi$), a partir daí e por um processo de transformação contínua, sem rupturas, uma nova imagem simétrica e invertida vem se produzir como imagem do eu. É a "luva da mão esquerda" transformando-se em "luva da mão direita" por um reviramento a partir de sua abertura, vazio que a suporta, vazio que lhe dá consistência. O imaginário é sobretudo isso: consistência e efetividade, consistência que é corpo, efetividade do que mantém unido, potência que faz UM.[10]

Qualquer que seja a estrutura que os determine — neurose, perversão ou psicose —, os sujeitos não habitariam a realidade sem o concurso do imaginário. A crua e nua aridez do simbólico, pura lei de uma combinatória impessoal, assim como a radical ausência de sentido, lei ou ordem que define o real, tornariam, ambos, impossível o viver humano se o imaginário, com seus véus e disfarces, não viesse vestir e dar corpo a essa insuportável e abjeta nudez.

A positividade do imaginário, contudo, é dada por sua articulação com os dois outros registros lacanianos — real e simbólico —, nó responsável pela organização do mundo exterior e do mundo interno e sem o qual a realidade psíquica não se poderia constituir.

O Nome-do-Pai, operador dessa ancoragem, pode no entanto faltar à sua função. É o que se nomeia *foraclusão do Nome-do-Pai*, esse acidente silencioso na origem mas de consequências ruidosas num momento segundo, hora em que um elenco de inusitadas manifestações psíquicas surge e invade a vida do sujeito, constituindo aí o que se reconhece como a fenomenologia da crise psicótica. Entre esses dois momentos se desenrola uma vida que, na falta de ancoragem simbólica, Nome-do-Pai, vem a ser sustentada por esteios imaginários. A ausência de articulação simbólica que, como um nó, amarre e suporte os três registros — real, simbólico e imaginário —, usurpa do sujeito a experiência da realidade psíquica, e nesse lugar usurpado uma outra realidade vem agora se instalar. Realidade estranha, não raro extravagante, produzida por uma hipertrofia do imaginário, recurso da estrutura face à carência de amarras simbólicas. Recurso de cuja existência e propriedade só nos damos conta a posteriori, no instante mesmo em que sua presença desfalece. Instante grave em que uma constelação de acasos, "um prodigioso encadeamento de circunstâncias", no dizer de Schreber,[11] vem violentar e destituir o até então precário mas eficaz equilíbrio do sujeito, levando-o ao desmoronamento de seus pontos de referência, à falência de seus recursos de significação, precipitando sua entrada na experiência da psicose, agora desencadeada.

O desencadeamento da psicose é efeito do encontro de um sujeito com Um-pai.[12] Um sujeito cuja estrutura se determina a partir da foraclusão do Nome-do-Pai e Um-pai, pessoa ou situação que de uma outra cena, de um lugar terceiro, se interpõe e se impõe ao sujeito, interpelando-o no cerne de suas relações com o outro, exigindo-lhe uma resposta no plano sig-

A psicose e o imaginário   67

nificante, aí mesmo onde ele se encontra sem prumo. Sem o aval do Nome-do-Pai, esse significante transcendental, condição de possibilidade da metáfora paterna e da significação fálica — paradigma de toda significação —, o sujeito se vê à beira do não ser, diante de um buraco negro que ameaça tragá-lo, a ele e a seu mundo, nesse vazio de significação. "Meu mundo caiu", literalmente e em todos os sentidos. É o que diz Ella, paciente esquizofrênica, falando e reconstituindo na análise esse momento: "Tem uma música que eu gosto muito: 'Meu mundo caiu'".[13] E cantarola: "Meu mundo caiu e me fez ficar assim...". E conclui: "É isso mesmo, meu mundo caiu!".

Para Artaud, trata-se de um "desmoronamento central da alma [...] erosão essencial e ao mesmo tempo fugaz do pensamento [...] que afeta e infecta a alma em sua realidade a mais profunda — veneno do ser que lhe rouba a fala, a lembrança, e lhe desenraiza o pensamento".[14]

É também isso que o delírio de fim do mundo dos paranoides vem significar quando, a posteriori, dão conta desse momento cataclísmico em que toda palavra desertou.

O delírio de fim do mundo fala de um acidente catastrófico que obrigou o sujeito a uma retirada libidinal, deixando o mundo devastado, imerso em sombras crepusculares. No dizer de Freud, tal delírio é a projeção dessa catástrofe interna — é que o mundo subjetivo do doente acabou desde que lhe retirou o seu amor.[15] Catástrofe interna que implica não só o mundo mas também o corpo, esse corpo maltratado e mortificado do psicótico, corpo em implosão, corpo estilhaçado. Corpo que sem as vestes do imaginário feito em pedaços tornou-se abjeta nudez: corpo-carne, sangue, ossos,[16] corpo-sem-órgãos, "cadáver leproso conduzindo um cadáver leproso".[17]

Imaginário destroçado, o sujeito desprotegido se encontra aberto à intrusão do Outro — encarnado e desdobrado numa multidão de pequenos outros —, passivamente entregue à sua mercê. É que, estando o imaginário desbaratado, não se consolida a identificação dita resolutiva. Resolutiva do confronto paranoico entre o eu e o outro, essa identificação é a que logra apaziguar esse dilaceramento imaginário, mantendo e afirmando a um só tempo a intrusão essencial do outro — "Eu é um outro" — e sua necessária exclusão — "Ou eu ou ele" —, sem que nenhuma das duas assertivas venha a suprimir seu contrário.

Sem que possa cumprir a contento suas funções, sobretudo a de dar ao sujeito uma imagem suficientemente completa e consistente de si — um corpo —, o imaginário, a um só tempo despedaçado e hipertrofiado, funcionando em regime de autonomia em relação ao simbólico, cria um lugar onde vem proliferar uma multiplicidade de fenômenos marcadamente narcísicos, próprios à fase do espelho, essa estrutura elementar responsável pela constituição do eu. A experiência desses fenômenos é o que Fernando, em sua aflição, nos testemunha inúmeras vezes durante o tratamento:

Tem uns caras que fantasiam em mim — a cara deles fica em minha cara... É gente morta, é o porteiro, os caras de Vila Valqueire, gente que eu não gosto, todo esse povo fantasia em mim... Artista de televisão... Essas fantasias, elas transformam meu rosto, não é mais meu rosto, não sinto meu rosto, só quando olho no espelho — é tão bom sentir o (próprio) rosto!... É só imbecil que fantasia em mim... Agora é aquele imbecil do Maílson da Nóbrega, aqueles pretos lá de Vila Valqueire... Tem um que fuma cachimbo, eu sinto o cachimbo dele em minha boca!

A psicose e o imaginário 69

Se por um lado são índices do desmantelamento imaginário e do desfalecimento do ego demissionário de suas funções capitais — unidade, atividade, identidade, oposição eu versus não eu —, por outro lado tais fenômenos em seu conjunto estruturam o que Lacan nomeou regressão tópica ao estágio do espelho: um elenco de vicissitudes de caráter imaginário e regressivo, próprias à fase do espelho, vicissitudes essas que atingem seu ponto culminante na conquista de uma identidade. Uma identidade precária, propriamente especular, reduzida à confrontação à imagem do duplo, ameaçada de dilaceramento, aniquilação e morte,[18] mas ainda assim uma identidade efetiva, suficiente para permitir ao sujeito submerso na crise psicótica continuar vivo em meio aos destroços de um mundo em agonia.

Assim sucedeu com Schreber, que, malgrado severos danos à sua integridade física — nenhum membro ou órgão do seu corpo tendo sido poupado pelos "milagres", sua saúde, sua vida, seu entendimento ameaçados[19] —, resistiu a toda sorte de abusos, crueldades, mortificações, e viveu como "o único homem verdadeiro que ainda restava" entre "homens-feitos--às-pressas", no centro de uma hecatombe cósmica atingindo e devastando a Terra e o sistema solar.[20]

É Schreber que nos fala ainda de tantas outras experiências pelas quais passou. Experiências as mais fantásticas, frutos de "prodígios" e "milagres", marcadas por uma coloração agressivo--erótica, ameaçadoras do corpo e da alma do sujeito — manifestações inequívocas da regressão tópica à fase do espelho onde a imagem corporal, alvo dos mais contundentes ataques, é a um só tempo fragmentada e duplicada, proliferando-se em múltiplos outros eus, duplos especulares do sujeito.

Desses duplos, o dr. Flechsig, professor e médico idealizado e venerado por Schreber e sua mulher, é, dentre todos, o mais relevante. O dr. Paul Theodor Flechsig é esse outro especular que, desdobrando-se em personagens vários, dá corpo aos múltiplos eus do sujeito: são os Flechsig-alma, Flechsig-Deus, alma conjunta von-W.-Flechsig, Flechsig-superior, Flechsig-médio e "um certo *Daniel* Furchtegott *Flechsig*", cujo nome — um amálgama dos de Schreber e de seu médico — atesta com eloquência maior a especularização, captura imaginária em que o eu de Schreber se encontra alienado.

Amado em nome de suas perfeições, odiado por revelar as falhas de seu duplo imperfeito, ameaçador pelo fato mesmo de sua alteridade, Flechsig é para Schreber parceiro de um confronto de forças, rival numa luta de prestígio: o neurólogo e o jurista, dois grandes, são apanhados numa relação assimétrica na qual os lugares determinados por estrutura conferem a Schreber, o paciente, o lugar do amante e a Flechsig, o médico, o lugar do amado. Assim, uma transferência se instala com vigor, sendo Flechsig constituído como objeto fonte de toda sorte de paixões — paixões alegres e paixões tristes —, objeto causa de transferência delirante.[21]

Não seria despropositado ler-se, na proliferação dessas figuras que emergem da transferência delirante a Flechsig, o fracionamento multiplicado de figuras do pai. Não o seria, convém elucidar, se tivéssemos a prudência de discernir, de um lado, o que é da ordem do Édipo e, portanto, de uma estrutura fundada em torno de um ponto central, o falo — a neurose; e, de outro lado, o que, sem recurso a qualquer referência à significação fálica, se afirma como uma organização descentralizada, atravessada por uma pluralidade de pontos

A psicose e o imaginário

de direção — a psicose.[22] A proliferação de imagens paternas é, na experiência de Schreber, o que vem no lugar mesmo da ausência, por foraclusão, do Nome-do-Pai.

Flechsig, vivo ou morto, está no coração do delírio de Schreber. A morte, por suicídio, do primeiro é uma das construções delirantes do segundo, construção que surge como contrapartida, verdadeira ressonância em eco da morte de Schreber anunciada nos jornais.[23] Perseguidor, Flechsig comparece como figura central nos delírios de fim do mundo, na figura desse mágico que surgirá prenunciando com sua presença a desaparição de Schreber — "Ou ele ou eu" — e o crepúsculo do mundo.[24]

Ao desastre imaginário, legível através do delírio escatológico, sucede-se, via remanejamentos contínuos do significante, uma nova ordenação do mundo. Sobrevinda após a catástrofe consequente a uma perda na Ordem das Coisas, uma "construção prodigiosa" se levanta, tentativa de recuperação. Essa construção prodigiosa de que nos fala Schreber em sua língua fundamental[25] é uma significação — uma significação delirante. Uma significação heterogênea a todo consenso, avessa aos pactos e às medidas, aberrante e desmesurada — "uma significação enorme que não se parece com nada" —, tão insólita quanto o "fim do mundo" ao qual é chamada a fazer face. A significação delirante é o recurso de sentido que transforma numa certeza consistente e radical o vago desespero do humor delirante, esse "aparecimento de uma estranheza total", sentimento mudo de uma derrocada sem nome.[26]

Diferente do neurótico, que, apoiado numa realidade bem situada, pode se dar o luxo de acreditar e/ou duvidar sem riscos de desestruturação, ao psicótico toda dialetização, todo movimento oscilante próprio à crença se faz quase impossível. No lugar da crença — esse fenômeno propriamente neurótico, testemunha da divisão do sujeito, fenômeno que supõe uma certa báscula entre o sentido apreendido e o sentido enquanto desvanece —, no lugar da crença é a certeza que se impõe ao psicótico. Uma certeza inabalável, absolutamente irredutível, uma certeza de que tudo lhe concerne — "tudo que acontece se refere a mim", afirma Schreber[27] —, é o que surge como ponto de ancoragem para o sujeito. Essa certeza delirante é o que lhe advém como seu mais precioso expediente, tentativa de recuperação e restituição no sentido de que nos fala Freud,[28] esforço de reordenação do campo da linguagem. É ela que logra devolver-lhe o mundo, enquanto lugar onde habitam as significações, e a fala, suspensos ambos no momento pânico do crepúsculo do universo.

A certeza delirante, por seus aspectos de irredutibilidade, não compreensibilidade e não dialetização, constitui-se como um dos fenômenos elementares da experiência psicótica. Elementar aqui quer dizer sobretudo o que está na base, na essência, na origem. A certeza é o solo onde se assentam as produções delirantes e alucinatórias do paciente, é a base estável onde vêm se ordenar dúvidas secundárias, submetidas todas a essa certeza última que, em vez de excluir, o que faz é determinar todas as questões.

Que essa certeza seja inabalável não quer dizer que ela não se deixe atingir, tocar. Ela é estável sem ser impermeável. Como caniço ao vento, pode balançar e mesmo contorcer-se sem quebrar, sem se deixar arrancar.

Foi assim com David, que me relatou um dia prodígios e milagres realizados pela Fada, "Fisaragada, dona do mundo,

A psicose e o imaginário

mais que mãe da gente", deusa magnânima, pura generosidade. Num dado momento interrompi seu relato com uma questão: "E o mal que há no mundo, a Fada é dona disso também?". David silenciou por instantes, como a se interrogar, e me disse depois, com um certo ar de gravidade: "Não sei. Vou perguntar a ela". Dia seguinte, promessa cumprida, me procura triunfante. Perguntara e obtivera a resposta que se integrava, a contento, às exigências de rigor e coerência de seu sistema delirante: o mal era consequência funesta da desobediência dos homens que, descumprindo os ditames da deusa, feriam a ordem das coisas, provocando desse modo danos de toda sorte a si e aos outros.

Vitoriosa de um duro embate, sua certeza permanecia intacta, e seu sistema delirante, provando-se inquebrantável, reforçara-se em consequência, tornando-se ainda mais estável.

A certeza é o cerne da significação delirante. Significação anômala no que independe do processo universal de metaforização — metáfora paterna —, sem a qual não se concebe a significação neurótica, ainda assim permanece legítimo considerá-la uma significação no que os dados de completude, consistência e iluminação aí se acham presentes, fazendo-se acompanhar de um certo efeito de fascínio, nota própria do imaginário onde se inscreve toda significação.

Schreber exemplifica como ninguém a força de convencimento da significação delirante. Depois de ter sofrido, por um período de dois anos, ataques e abusos a seu corpo e a seu entendimento, depois de ter se revoltado contra os "milagres ameaçadores" e ter se desesperado a ponto de tentar o suicídio mais de uma vez, Schreber atinge o conhecimento do "verdadeiro" significado desses fenômenos antes incompreensíveis e dobra-se à determinação de seu destino. Destino legível nos signos plenos de sentido em que estão inscritas as diretrizes de sua missão maior, sentido último de seus sofrimentos, humilhações e danos, sentido de sua vida — tornar-se mulher de Deus, ser por ele fecundada e recriar uma nova humanidade, um novo mundo schreberiano conforme a "Ordem das Coisas":

> Alguns dias de observação contínua desses fenômenos [os sinais de feminização] bastaram para determinar em mim uma total modificação na direção de minha vontade [...]. A partir daí tive a absoluta convicção de que a Ordem do Mundo exigia imperiosamente de mim a emasculação, quer isso me agradasse pessoalmente ou não, e, portanto, *por motivos racionais*, nada mais me restava senão reconciliar-me com a ideia de ser transformado em mulher. Naturalmente a emasculação só poderia ter como consequência uma fecundação por raios divinos com a finalidade de criar novos homens.[29]

Por não ter sido talhada pelo corte da castração, nome próprio da lei e do limite, a significação delirante, distinguindo-se da significação fálica, apresenta-se ao sujeito como uma certeza total, uma verdade toda. Absoluta, qualquer sujeição lhe repugna, qualquer dialética lhe é estranha, nenhuma relativização se admite, todo limite se anula. Entretanto é possível, mesmo assim, dar a essa significação o estatuto de metáfora — metáfora delirante —, pois que atende a um critério essencial dessa figura de estilo: o da produção de um significado novo, de uma nova significação. O delírio, tentativa de cura, é um "ensaio de rigor" parcialmente exitoso. Exitoso por construir uma significação viável para o psicótico e por fundar uma fi-

A psicose e o imaginário

liação, uma forma original de filiação, na qual o sujeito se encontra implicado num elo com o Pai mesmo que — índice de malogro do delírio — a referência ao Pai se estabeleça no registro do real. Exitosa é também a metáfora delirante enquanto operação de defesa que, funcionando como terceiro termo entre o psicótico e seu Outro, evita as vivências alucinatórias que precipitam o primeiro na posição de objeto da demanda indeterminada do segundo.[30] Exitosa enfim ao devolver a fala ao sujeito, a esse sujeito afundado no mutismo, capturado pelo horror do "fim do mundo", experiência alucinatória que lhe roubara a voz, a palavra, o sentido, o mundo.

Via régia por onde a fala se recupera e retoma sua função de ordenar o campo da linguagem, o delírio é a mola-mestra do processo que engaja o sujeito na reconstrução da realidade — uma realidade sempre problemática. De consistência diversa àquela familiar ao neurótico, oscilando entre volátil e pétrea, a realidade delirante logra organizar-se desconhecendo eixos convencionais de referência, habitando plagas outras, desrespeitando limites, desconhecendo fronteiras, ignorando impossibilidades.

Repetição bruta e nua, a fala sempre a mesma, cada vez mais circunscrita aos mesmos temas — sintoma cuja aridez beira o insuportável da clínica das psicoses —, é o fenômeno correlativo ao aprisionamento do psicótico numa realidade imóvel, congelada. No outro extremo situam-se "os escapes", a nebulosa indistinção realidade-irrealidade de que nos falam loucos e poetas, "derramamento do sonho na vida real".[31] Entre um confim e outro Ella tenta sustentar-se a meio caminho, a meia distância. E me adverte: "Minha realidade é no ar. Você não pode querer me puxar demais pro chão".

Proeza demasiado difícil manter-se nesse lugar outro, Ella às vezes pede terra firme, ancoradouro, Porto Seguro.* De vez em quando se aflige e se irrita com o mal-entendido fundamental próprio a toda comunicação, queixa-se desolada da solidão radical do falante, da "falta de palavras", de uma palavra, metáfora, um basta ao escorrer ininterrupto do fluxo significante, essa digressão exaustiva, deslizamento contínuo da significação. "Às vezes", diz Ella,

fico achando que, por mais que eu fale, você não entende nada! Por mais que eu explique, você não entende — parece que eu estou falando no ar!... Às vezes penso que você acha que eu sou maluca, aí eu não gosto disso... O M. (seu terapeuta anterior) também entendia tudo errado... Você não dá sua opinião, só pergunta, não fala, fico me sentindo muito só... É, você fala mas fica no ar, não sinto firmeza. Às vezes, como eu já estive muito tempo no ar, falo coisas e penso: "Será que eu estou no ar?". Mas, não — eu não estou no ar! Mas não sei explicar, não tenho palavras pra dizer o que sinto, não tem uma palavra...

Uma palavra! Também é esse o clamor de Antonin Artaud ao qual Ella vem se unir:

Me faltaria apenas uma só palavra algumas vezes, uma simples pequena palavra sem importância, para ser grande, para falar no tom dos profetas, uma palavra-testemunho, uma palavra precisa, uma palavra sutil, uma palavra bem macerada nas minhas medu-

---

* Literalmente e em todos os sentidos: Ella escolheu Porto Seguro (Bahia) para viajar numa das férias da análise.

A psicose e o imaginário 77

las, saída de mim, que se sustentaria no ponto extremo de meu ser e que para todo mundo não seria nada.[32]

Em outros momentos, do cume de sua onipotência, Ella opõe-se decidida às restrições que constrangem os mortais, hasteando sua máxima preferida — "Tudo é possível" —, afirmando-a literalmente com a imperturbável convicção de quem não conhece limite. E desdenha, com extraordinária indiferença: "Lei?! Lei pra mim não quer dizer nada... não tem nada a ver... Entra por um ouvido e sai pelo outro".

Malgrado o caráter instável, "espécie de perda constante do nível normal da realidade",[33] que se constitui na psicose através da metáfora e significação delirantes, trata-se rigorosamente de um processo de reconstrução, "solução elegante" onde as palavras, num recurso de estilo, transformam o caos significante, turbilhão sonoro de signos vazios de sentido, num mundo ordenado por uma nova significação.[34]

A metáfora delirante logra produzir uma significação de natureza solitária e não compartilhável, dotada no entanto de extraordinário vigor, cuja potência retraça fronteiras, demarca superfícies, recria um mundo não excessivamente hostil onde o psicótico pode, de novo, viver.

Ao lado dessa dimensão bem-sucedida, a metáfora delirante comporta sempre uma parte forçada de retumbante fracasso. É que o Outro permanece aí, consistente, presença maciça a exigir que o psicótico seja seu instrumento de gozo, a metáfora delirante servindo apenas de recurso tático para impedir que o psicótico venha soçobrar vertiginosamente na posição de objeto de gozo do Outro. É certo que essas exigências de gozo, antes desmesuradas, conseguiram agora, graças ao delírio, ser mitigadas, temperadas em seu excesso, limitadas em seu desmando, obedecendo a uma certa norma, não mais violentando a "Ordem das Coisas". E, se uma constelação de acasos felizes o permite, a metáfora delirante pode vir a fazer o psicótico usufruir desse gozo ao qual está submetido, um quinhão não desprezível de prazer e volúpia.

Assim ocorreu com Schreber. Ao atingir o ponto culminante de seu delírio aceitando tornar-se mulher — mulher de Deus —, Schreber, além de reconciliar-se com a Ordem do Mundo, é contemplado com graças e dons jamais concedidos a homens ou mulheres comuns. Seu corpo, inundado de nervos da volúpia, propicia-lhe um prazer sensual derramado pelo corpo inteiro, volúpia de alma, volúpia feminina propriamente dita. Mais do que isso, Schreber experimenta um gozo excessivo, volúpia sem limites, exigência desmedida de um Deus que o obriga a gozar sem trégua. Cumprindo seu dever, Schreber retira para si merecida recompensa, a fatia de prazer necessária para tornar sua vida tolerável. "Deus exige um gozo contínuo", diz,

> é meu dever proporcionar-lhe esse gozo na forma de abundante desenvolvimento de volúpia de alma... Se, ao fazê-lo, tenho um pouco de prazer sensual, sinto-me justificado a recebê-lo, a título de um pequeno ressarcimento pelo excesso de sofrimento e privações que há anos me é imposto.[35]

E, concluindo, assevera:

> Em consequência do progressivo incremento da volúpia de alma, a minha condição física e os demais aspectos da minha vida externa tornaram-se cada vez mais suportáveis. Assim, acredito não me equivocar quando suponho que no final serei recompensado com uma palma da vitória muito especial.[36]

3. A psicose e o real

O REAL É UM CONCEITO assinado por Lacan. Conceito único no que é sua invenção forçada — uma invenção que lhe foi imposta com a força da verdade e pressão da insistência de um sintoma inexorável. Diferente de conceitos outros — sujeito, Outro, simbólico, imaginário — cuja paternidade sempre reconheceu como sendo de Freud, Lacan inequivocamente afirmou ser invenção sua isso que se escreve como real. "Veiculei muitas coisas freudianas", diz, "intitulei mesmo uma coisa que escrevi como 'A coisa freudiana', mas no que se chama o real eu inventei algo que se impôs a mim [...]. Eis aí alguma coisa da qual posso dizer que a considero nada mais que meu sintoma."[1]

Conceito difícil de apreender, o real exige, numa primeira aproximação, ser diferenciado de realidade. Realidade psíquica, obviamente, aquela que interessa à psicanálise e que por nomear uma "forma de existência especial [...] não deve ser confundida com a realidade material".[2]

A realidade psíquica, conceito no qual reconhecemos a assinatura de Freud, define um domínio reservado de desejos e fantasias, lugar diverso da realidade material, mantido livre e resguardado das urgências e exigências da vida que se impõe a todo falante.[3] Lugar estratégico que, a um só tempo, isola o sujeito da realidade externa e lhe possibilita ordená-la através do recurso às fantasias que dão sentido e logram apaziguar o que é pura inquietação, estranheza, horror — fantasias que acabam por criar, do que é só pedaços, teia, trama, tecido.

A realidade psíquica é produzida pela fantasia, trabalho alquímico que peneira e recolhe peças escolhidas da realidade material e disso faz um mundo,[4] um mundo singular para o sujeito. Mas ao preço de uma perda — a perda do objeto, *das Ding*, a Coisa, alteridade radical, primeiro Outro Absoluto do sujeito, estrangeiro e estranho, primeiro exterior a todo significado — em torno da qual se orienta toda a caminhada do sujeito. *Das Ding*, um objeto por natureza perdido, que se trata sempre de reencontrar sem que jamais se o reencontre. Entretanto, nessa procura em que só se têm pistas, rastros esparsos, nessa busca sempre deslocada em relação ao que se visa, o vazio deixado por *das Ding* faz-se sistema de referência em relação ao qual se organiza todo o mundo da percepção, e constitui-se então uma realidade propriamente humana. Qual cortina que esconde o insólito — o objeto perdido —, a fantasia, artesã da realidade psíquica, oferece ao sujeito um mundo — um mundo único, particular, tecido por desejos inconscientes e fantasias, um mundo essencialmente subjetivado onde é possível ao sujeito viver. Dividido, é certo, pois que a realidade psíquica é a do sujeito dividido,[5] uma realidade cuja matriz se constitui obedecendo a uma lógica que articula um significante e os outros, S1-S2, o Um e o não todo (não todo ao qual falta esse UM), a exceção e o conjunto, a ex-istência e a consistência, o sucessor e a série.[6]

Tematizada por Lacan como um campo, um enquadre, uma montagem, efeito da articulação do simbólico e do imaginário por um lado e da ex-istência do real por outro, a realidade é um aparelho comandado e sustentado pela fantasia no centro da qual habita o desejo. Dado o caráter de intimidade que recobre esses termos, do desejo e da fantasia pode-se dizer que são os nomes da realidade psíquica. Com o desejo estabelece uma relação de "textura sem corte", e, no que concerne à fantasia, a realidade comporta-se como sua vestimenta, é o "prêt-à--porter" da fantasia.[7]

Numa nota de julho de 1966 ao texto dos *Escritos* sobre as psicoses — "De uma questão preliminar a todo tratamento possível da psicose" —, Lacan apresenta uma formulação topológica do campo da realidade e das relações que se tecem entre realidade e fantasia. Aí, o campo da realidade é a linha de corte que, numa relação simultânea de conjunção e disjunção, separa e une sujeito e objeto. Sujeito e objeto articulados numa relação de conjunção/disjunção é a fantasia, o matema da fantasia, $S \lozenge a$, onde o S é o sujeito barrado do desejo, sujeito originalmente recalcado, sujeito nômade de significante, errante, dividido, evanescente, e o a é o objeto perdido, objeto causa do desejo que fixa, assenta e detém a errância do sujeito, dando-lhe consistência de ser, consistência de gozo.

E aqui tocamos, com uma letra, o conceito de real, esse registro que concerne ao gozo. Essa letrinha, a, é um modo de escrever o real que só se aborda com a escrita, só se escreve com letrinhas[8] e precisa ser isolado, excluído, elidido para constituir por sua própria ex-istência — o real ex-iste ao simbólico e ao imaginário[9] — a realidade, sua consistência e seu marco: "O campo da realidade não se sustenta senão da extração do objeto a, que no entanto lhe dá seu marco".[10]

Extraído, elidido o objeto a, a realidade se faz numa articulação entre o simbólico e o imaginário, num movimento contínuo de deslizamento e substituições em que palavras e imagens são tomadas no jogo significante que as transforma em metáforas e metonímias, num ritmo incessante de produção de sentido. "Articulação", "mudança" e "sentido" são termos solidários e imprescindíveis quando se trata de caracterizar o que é da ordem da realidade. Esses termos, em sua vinculação, nos permitem dizer que a realidade é o mundo, um conjunto ordenado de sentido.[11]

O real, ao contrário, é "a ex-istência do in-mundo, a saber, a ex-istência disso que não é mundo — eis aí o real simplesmente".[12] Dele não se pode esperar nem vínculo, nem articulação, nem mobilidade, nem unidade. Ele é obstáculo, resistência e impasse inquebrantáveis. Irredutível à lógica, impassível às seduções e metamorfoses do imaginário, barreira inamovível ao simbólico e à mobilidade que lhe é própria, alheio a qualquer apelo de unidade e totalização, o real não forma conjunto, "é feito de cortes"[13] e pedaços, partes extrapartes, partes sem todo. "O real não é o mundo. Não há esperança alguma de atingir o real pela representação [...]. O real não é universal [...]. O real certamente se caracteriza [...] por não fazer todo, quer dizer, por não se fechar."[14] Do real, portanto, não se pode esperar um mundo. Bem ao contrário, por ser ausência radical, "evacuação completa de sentido e de nós mesmos como intérpretes",[15] o real, ameaçador, está sempre "pronto a submergir com seus estilhaços o que o princípio de realidade constrói aí sob o nome de mundo exterior".[16] O real contraria o mundo e a realidade no que é ausência absoluta de sentido. "O real é completamente desprovido de sentido. Podemos ficar satisfeitos, estar seguros de que tratamos alguma coisa de real quando não há mais qualquer sentido que seja."[17]

Deserto de sentido, sem destino, sem direção, lei ou ordem, o real é o estritamente impensável,[18] o real é o impossível.

A psicose e o real

"Não há outra definição possível do real senão esta: ele é o impossível. Quando alguma coisa se acha caracterizada pelo impossível, apenas aí está o real."[19] Através de uma das categorias da lógica modal, o impossível, Lacan definiu o real como "o que não para de não se escrever",[20] ou melhor, o que não se escreve com palavras e sim com pequenas letras matemáticas, via de acesso e suporte do real.[21]

O real concerne ao gozo — ao gozo, ao corpo e à morte, no que gozo, corpo e morte estão atados ao impasse, ao impossível da relação sexual.[22]

O real concerne ao gozo no que o gozo tem de impossível. Trata-se aqui não do gozo sexual, fálico, esse ao qual temos acesso e do qual, ávidos, retiramos um quinhão qualquer de prazer possível, mas sim do gozo, *tout court*, nome lacaniano do para-além do princípio do prazer, lugar mítico onde sujeito nenhum jamais pisou, região interditada a todo aquele que fala. Trata-se do gozo, nome próprio de uma satisfação paradoxal que sempre e nunca satisfaz, satisfação aberrante, heterogênea à homeostase prazer-desprazer, atravessada pela categoria do impossível.[23] Gozo Outro, outro que não sexual, sem limites, fora-da-linguagem. Um gozo do qual só a contemplação do corpo animal mergulhado em sua indiferença narcísica e a visão das plantas em sua quietude silenciosa podem nos dar alguma ideia.[24] Um gozo do qual nunca poderemos saber nada, pois que apenas o supomos aos que jamais falarão dele — o animal, a planta — e àqueles que, não deixando de falar, apenas lhe fazem alusão através dos furos de seus discursos — os místicos, as mulheres, os psicóticos. Trata-se do gozo do real, real mistério, enigma impossível de definir, decifrar, mas não de pensar e nomear.

E Lacan o fez, designando-o com diferentes nomes — gozo do Outro, gozo do corpo — e distinguindo-o de um outro, inscrito no simbólico, dito gozo fálico, gozo do Um, gozo significante ou gozo-fora-do-corpo.

O corpo de que se trata não é o que concerne à biologia. Ele é tomado aqui em sua dimensão de realidade propriamente significante, o que autoriza a sinonímia com o Outro, lugar da determinação significante do sujeito, lugar prévio do puro sujeito do significante.[25]

Esvaziado de seu ser, de sua substância gozante, transformado em deserto de gozo, ceifado que foi pela lâmina afiada do significante, o corpo, assim como o Outro, nada mais é do que lugar de inscrição significante: "O corpo é o lugar do Outro na medida em que é aí que, originariamente, se inscreve a marca enquanto significante".[26]

Dizer, então, gozo do Outro ou gozo do corpo seria exprimir-se paradoxalmente, a menos que se quisesse com isso assinalar uma não distância, uma ausência de separação entre gozo e corpo, entre gozo e Outro, condição a rigor impossível para o sujeito cuja natureza significante toma por antinômicos gozo e corpo, faz excludentes gozo e significante.[27] O gozo que não se distingue do corpo constitui-se num gozo mítico que só imaginariamente podemos supor ao corpo do animal, corpo não marcado pelo significante, corpo-substância-gozante: "Se há algo que nos dá uma ideia de 'se gozar', é o animal. Não se pode dar nenhuma prova, mas enfim, isso parece estar implicado pelo que se chama de corpo do animal".[28] Dizer gozo do Outro ou gozo do corpo indica que o significante faltou em seu trabalho de separar o gozo do corpo, falhou em sua função de negativá-lo, esvaziá-lo do corpo para recuperá-lo depois como

A psicose e o real   85

"mais-de-gozar", espécie de mais-valia, uma sobra, um resto de
gozo limitado às bordas e orifícios anatômicos onde a pulsão,
contornado o vazio do objeto — um objeto perdido, extraído
e separado do corpo, objeto *a* —, encontra aí sua satisfação:

> O gozo se aborda a partir dos sulcos que se traça no lugar do
> Outro [...] esse lugar do Outro não é para se tomar em outro
> lugar senão no corpo, ele não é intersubjetividade mas cicatrizes
> tegumentares sobre o corpo, pedúnculos a se pendurar sobre os
> orifícios, para fazerem aí o papel de presas, artifícios ancestrais
> e técnicas que o atormentam.[29]

Ao gozo do real, esse gozo não significante, nocivo aos seres
de palavra, gozo comprometido com a morte, Lacan o chamou
algumas vezes de "gozo da vida", numa referência ao destino
para a morte inerente a todo organismo vivo sexuado. A vida
quer morrer, nos diz Freud em seu "Para além do princípio do
prazer". E o gozo da vida, suposto ao corpo em seu máximo de
exaustão, quietude e inércia, parece-nos evocar com silenciosa
eloquência a proximidade íntima entre gozo, vida e morte.

Da psicose a teoria deduz um gozo assim. Dedução feita a
partir da hipótese da foraclusão do Nome-do-Pai e seu correlato, a ausência do falo, significante que é a condição de possibilidade de um gozo regulado, limitado, simbolizado, gozo
propriamente sexual — a ausência desse significante implicando forçosamente uma perturbação da economia do gozo,
um desarranjo que é a natureza mesma desse gozo sem freios.

Aqui convém caminharmos com prudência. Que a teoria
deduza da psicose um gozo sem medida, isso não nos autoriza
esperar do psicótico — esquizofrênico ou paranoico — que ele

venha exibir um gozo assim. O gozo absoluto, não esqueça-mos, é uma região mítica vetada a todo o ser cuja natureza é de palavra, uma natureza da qual o psicótico não está exilado. Esse gozo ilimitado, só nos é permitido conjecturá-lo, presumi-lo, imaginá-lo a partir do que, no psicótico — mas também, e com suas nuanças, nos místicos e nas mulheres —, se constata como falência, tropeço, malogro da simbolização.

Numa polarização sujeito do gozo/sujeito do significante, se-ria errôneo identificar o psicótico ao primeiro termo. Sejamos rigorosos: o psicótico não é sujeito do gozo, não mais que o neurótico ou o perverso. Sujeito do gozo é, nos diz Lacan, um

> sujeito mítico, fase sensível do ser vivente: essa coisa insondável, capaz de experimentar algo entre o nascimento e a morte, capaz de abranger todo o espectro de dor e prazer numa única palavra que em francês chamamos *sujet de la jouissance* [...] se o ser vivente puder ser pensado, será sobretudo enquanto sujeito do gozo.[30]

Nada, no entanto, nos autoriza a reduzir o psicótico ao vi-vente, a menos que se queira deixar-se cegar pelo mais desa-busado preconceito.

O que claudica no nível da simbolização e, como consequên-cia, nos induz a postular algo da ordem do real do gozo na psi-cose se apresenta através de um elenco de fenômenos clínicos entre os quais ocupa o primeiro plano a angústia, o afeto que não engana e através do qual todo real, inacessível, dá sinal.[31]

Soberano Mal, como nomeia Artaud, afeto que morde o corpo, "que pinça a corda umbilical da vida",[32] e que surge sempre do confronto desigual do sujeito com o desejo inde-terminado do Outro, a angústia é esse afeto diante do qual

A psicose e o real   87

o psicótico se acha permanentemente à mercê. Mais do que qualquer um, no que lhe falta o significante promotor da significação, condição de possibilidade de um saber sobre o desejo do Outro, o psicótico se encontra desvalido face ao inquietante enigma desse obscuro desejo. Sem saber, sem resposta consistente ao *"Che vuoi?"*, faz-se presa da angústia. Uma angústia difusa, invasiva, não raro paralisante, que o inunda com o sentimento de não ser mais que um corpo, no que um corpo tem de real. Uma angústia que condena à inércia, uma das figuras primárias do gozo e que o reduz a seu ser objetal. Uma angústia só mitigada ao preço do trabalho forçado e ininterrupto de leitura e decifração do mundo, um mundo reduzido a signos e hieróglifos do desejo do Outro. Uma angústia só abrandada ao preço do delírio.

Presença quase cotidiana, a angústia é, na vida de Ella, dos pesos o mais pesado: "Eu queria uma razão para ter tanta angústia", diz. "É uma nuvem que me toma, que entra pelos olhos... É muita tensão, é uma angústia que vem de fora pra dentro e não de dentro pra fora... Quando me dá isso tenho que fechar os olhos, ficar parada, deitada... Não posso fazer nada."

Presa desse destino de leitura permanente, Ella oscila entre o alívio fugaz advindo do aporte de sentido que tal procedimento lhe oferece e o incômodo mal-estar, sentimento penoso, de viver sob a mira do Outro. É o que se ouve quando ela diz: "Eu penso uma coisa, falo uma coisa, aí faz um barulho, cai um copo, minha irmã se atrapalha no que ia dizendo... Parece que confirma, parece uma concordância do mundo comigo... Mas é ruim, eu fico muito exposta".

Real do gozo cujos índices pode-se colher na fenomenologia da psicose, o gozo do Outro deve ser pensado considerando-se a dupla acepção de seu genitivo: genitivo objetivo, marcado por uma conotação sadiana — o sujeito goza do Outro, usufrui de seu corpo até quase o extermínio, despedaça-o, faz dele retalho, leva-o à demolição —, e genitivo subjetivo, de teor masoquista, implicando "uma nota extática" — o Outro goza do sujeito que se entrega em oferenda, seu êxtase sendo o de render-se por inteiro ao desejo e aos desígnios desse Outro,[33] um Outro de cujo gozo o masoquismo e as fantasias perversas do neurótico nos dão prova e cuja expressão depurada encontra nos místicos seu mais sublime exemplo. Santa Teresa d'Ávila, como poucos, bendisse tal gozo:

> Essa dor deliciosa — que não é dor — não fica sempre no mesmo grau. Às vezes dura muito tempo, de outras acaba depressa, conforme apraz ao Senhor comunicá-la. Não é coisa que se possa adquirir por meios humanos. Ainda quando acontece prolongar-se é intermitente: vai e vem. Em suma, jamais é contínua, não acaba de abrasar a alma. Quando vai abrasando, a centelha apaga-se. Fica o desejo de tornar a padecer aquele amoroso tormento, causado pela fagulha.[34]

Também nas psicoses — paranoia e esquizofrenia paranoide — o Outro subjetivado goza. Goza de sua presa sem que o Nome-do-Pai, foracluído, venha fazer barreira, interpor obstáculos, criar uma distância que projeta o psicótico desse gozo indomado e obsceno, causa de dor e de culpa. É do que Fernando, aturdido, se queixa: "Não sei o que é que minha mãe quer comigo, doutora… Ela fica se insinuando pra mim, diz que eu sou a cara do meu pai!". Do mesmo modo, em seu livro *Le Schizo et les langues*, Wolfson, "o estudante de línguas

A psicose e o real

esquizofrênico", como se autointitula, mostra-nos, à exaustão, um Outro encarnado pela mãe que se deleita com o gozo que lhe arranca. Esse Outro invade-o, assalta-o, penetra-o, abusa dele, do modo, para ele, o mais terrível e perturbador — com uma voz medonha, impossível de suportar, esse Outro lhe grita palavras inglesas, "esse idioma doloroso", para quem, como era seu caso, tinha "alergia à língua materna". Sempre em terceira pessoa, ele nos fala:

E como ela decidisse atingir seu filho simultaneamente com a língua de sua boca e com a inglesa, quase sempre que podia lhe gritava de repente e consciente de triunfar: "Alguém ligou?" [...]. Talvez ela se aproximasse sonsamente e por trás dele pusesse a boca muito perto de sua orelha e o espantasse, pelo surgimento súbito e de muito perto, com suas falas ditas claramente e num fôlego só [...]. O jovem homem psicótico se achava muito incomodado porque sua anfitriã, sua mãe — esse ser de voz tão temível para ele —, podia irromper a qualquer momento em seu gabinete de trabalho [...] e talvez lhe dissesse, parecer-lhe-ia, num tom de triunfo, palavras que lhe causariam terríveis problemas emocionais [...] e ele não saberia como converter essas palavras de sua parenta mais próxima em palavras estrangeiras e assim [...] destruí-las de algum modo [...]. Era a voz que parecia, por alguma razão, perturbá-lo mais que nenhuma outra.[35]

Esse Outro gozador é uma presença consistente na psicose — existe, está aí, se dá a conhecer. Ao contrário, estão ausentes o enigma e a incógnita, elementos que constituem o Outro em sua dimensão de alteridade radical, condição exigível para a vigência do reconhecimento que justamente só vale por estar além do que é conhecido.[36] Para o psicótico dotado de maior ou menor quinhão de recursos paranoides, o Outro — parceiro, cúmplice ou rival, amado ou odiado, temido ou idealizado — é sempre conhecido. É assim que David, dando mostras de um saber incomum, fala com indisfarçado orgulho desse Outro do qual detém conhecimento e intimidade raros, privilégio que faz sua glória de amado das deusas.

A Fada é mais do que mãe da gente. Ela é deusa demais. Sabe o que a pessoa tá pensando... A cabeça dela é pequena e o corpo, gigante. Se cumprimentar, a mão dá choque. São várias, ela é muitas. A língua é veterinária — de forçar a pessoa a falar..., língua de boca e idioma..., nós somos bichinhos pra ela. Ela não para de falar, parece uma cigarra... Ela é dona de tudo, ela é semente. Quando estou trabalhando, ela me ajuda a trabalhar: "Vamos, meu filho!". É uma coisa tão bem-feita que ninguém ouve a Fada falar. Ela fala através dos barulhos dos carros, dos aviões... Sobra pouca coisa pras mulheres conversarem com os homens porque a Fada conversa quase tudo... Cocô, xixi, tudo é ela que faz. Mas ela deixa sobrar um pouquinho pras mulheres — isso é tapeação... A Fada goza por nós, come por nós, bebe por nós... A Fada se intromete em tudo mas deixa sobrar um pouquinho pra eles terem aquele prazer...

Esse Outro gozador, generoso ou mesquinho, dadivoso ou usurpador, mas sempre presente, constitui a dimensão trágica da experiência paranoide que Fernando, com seu sofrimento, nos dá a conhecer: "As fantasias são meus parasitas, malditos parasitas, elas comem por mim, bebem por mim, comem minha comida, bebem meu leite, beijam minha garota por

A psicose e o real 91

mim, se metem no meio... Eu sei que é impressão, mas é real demais...".

O que todas essas falas tornam patente é a condição, própria ao paranoide, de objeto de gozo do Outro. O psicótico, sua posição face ao Outro é de objeto: resto, objeto parcial, dejeto que, no real, responde à falta do Outro. Schreber escreve com todas as letras: seu gozo, volúpia sem limites, Deus o quer e o exige contínuo, não lhe restando outro destino senão o de fazer-se servo dessa vontade, não lhe cabendo outro dever senão o de obedecer-lhe, seu corpo e sua virilidade sacrificados, usufruto desse Outro insensato, egoísta e cruel.[37]

O gozo do Outro do qual o psicótico se faz objeto é, algumas vezes, um gozo que, em seu excesso déspota, condena o sujeito a fazer oferenda de si, em parte ou no todo. Não uma oferenda simbólica, dom significante, recurso facultado ao neurótico, mas entrega real, sacrifício de uma libra de carne quando não do corpo inteiro, desvanecendo-se o psicótico como sujeito e, não raro, como vivente, reduzindo o seu ser de objeto, resto que falta a esse Outro, pura hiância desejante.

As mutilações e autoflagelamentos, bem como grande parte dos suicídios de pacientes psicóticos, estão em sintonia com a experiência fundada no delírio de que o Outro lhes quer. À pergunta "Que queres de mim?", o psicótico responde em ato: "Ele quer minha perda".

Diferente do neurótico, que, protegido pela barreira do recalque, se faz surdo à voz do Outro, o psicótico ouve e leva a sério essa voz: uma voz imperativa, carregada de densidade que, do real, brada o impossível. Voz radicalmente diversa da pulsão invocante cujo objeto é o vazio da voz, articulada mas silenciosa, voz em potência, elidida, sempre alhures, voz perdida que, no nada, desfalece.[38] Ao indagar atônito a seu interlocutor, Lenz, o esquizofrênico dos longos, intermináveis passeios a pé, fala como poucos dessa outra voz que invade os ouvidos e a vida do sujeito afetado pela psicose: "Não está ouvindo nada? Não está ouvindo a voz terrível que grita pelo horizonte afora e que se costuma chamar silêncio?".[39]

A voz que atormenta o psicótico é uma voz em ato, voz real, impossível de apreender pelo significante que faz sua aparição de modo errático, na forma de cadeia quebrada, significante rompido, degradado, cifra do real indizível, fenômeno cujo exemplo clássico nos é dado pelas frases interrompidas de Schreber, capturado pelo "sistema do não-falar-até-o--fim": "Agora eu vou me...", "Você deve de fato...", "Nisto eu quero...", "Falta-nos agora...".[40] Esse fenômeno nomeado pelos clássicos "bloqueio do pensamento" e atribuído a uma perturbação radical do vínculo associativo — *Assoziationslockerung* —, Bleuler o elevou à categoria de sintoma primário da esquizofrenia, doença à qual confessou ter dedicado mais de cinquenta anos de sua vida, e da qual afirmou conhecer bem os sintomas, saber fazer o diagnóstico e nada mais.[41]

O impossível da voz se atualiza na psicose não raro sob a forma de mandamentos impossíveis — é a alucinação verbal, voz do Outro que se faz ouvir e que brada ditames a um só tempo impossíveis de desobedecer e, permanecendo vivo o sujeito, impossíveis de cumprir.

Encontrar uma metáfora que realize a contento os desígnios ouvidos nesses imperativos é tarefa de uma vida, empreitada cujo sucesso ou fracasso tecem ambos o destino psicótico — um destino em que, à deriva, os acontecimentos graves ou derrisórios vêm compor, não sem larga cota de

A psicose e o real

sofrimento, aquilo que se poderia chamar a experiência trágica da loucura.

Schreber, com a história de sua doença, encarna a busca atormentada e o encontro exitoso de uma metáfora — mulher de Deus — que, reordenando seu destino, lhe permitiu viver uma vida não isenta de penas mas sem excesso de sofrimento, uma vida recuperada em seus direitos integrais de cidadão. Assim é que, numa autodefesa de raro brilho e eficiência, ele pôde resgatar sua liberdade de ir e vir, inteiramente a salvo de qualquer sistema custodial, e, desfrutando de plena cidadania, fez-se pai adotivo de uma menina órfã de treze anos, doce companheira de longos passeios a pé pelos caminhos de Dresden.[42]

Em torno da mulher, do poder extraordinário de uma mulher — "a Fada, Fisaragada" —, David encontrou uma resposta, um núcleo de enunciados atados a uma certeza essencial: ser, através dessa Mulher, aquele que iria recriar o mundo e a vida. Essa certeza, seu delírio, permitiu-lhe significar a procriação, o sexo e a morte, mistérios antes confinados no mais árido deserto de significação. "A Fada, ela é a dona do mundo", diz ele.

Ela faz terremoto, maremoto, chuvamoto, ventomoto e friomoto... É mais que mãe da gente, somos bichinhos dela... Ela me ensina tudo, das reconstruções, das imortalidades, das reconciliações, das operações de renascer — não tem morte, quando a pessoa morre faz operação de renascer e vira imortal. (Essa operação) chama escoptar. A pessoa morre, aí se corta o corpo todo em pedacinhos: primeiro corta o cabelo, depois raspa as sobrancelhas e os cílios, as axilas, o pênis ou a vagina. É uma limpeza geral. Depois corta os tornozelos, as rótulas, os braços, o pescoço, abre o espinhaço, limpa todas as carnes internas do corpo dos evoluintes. Depois tempera, leva ao forno para cozinhar. Depois de pronto, põe na mesa da ceia onde está um casal, casadinho de novo. Mas só o masculino é que come. Depois acontece relação-humanidade e o feminino engravida durante nove meses e o cadáver nasce filho e vira imortal. Essa operação-pesquisa não existe nesta terra, quem me disse essa operação foi a Fada. Ela vai ditando, eu vou escrevendo... É a voz dela mesmo, não é vozinha epilética, não... Ela é dona das terras... A água que fica no corpo do cadáver, é preciso aquecer pra evaporar toda e ir para os planetas e as fadas... Só eu sei essa operação. Já quiseram me prender, os cidadãos do continente americano, tomar minhas pesquisas, mas a Fada não deixa... Ela faz as lavações das terras — é o nascimento da terra lavada pelos raios solares. Das lavações misericordiosas o imortal vai nascer... Os raios solares lavam a terra, purificam o espírito das coisas ruins — ele germina e nasce imortal... Não tem importância nascer masculino ou feminino, o homem é mulher, o ânus do homem é o ânus da mulher — é igual. A senhora é como espelho meu: eu durmo igual à senhora, como igual à senhora... Muitas mulheres dizem: "Eu sou mulher pra caralho", é porque ela é dona daquilo... O homem diz: "Eu tenho minha vagina"... A Fada diz que a senhora é meus pés, minhas mãos, meus olhos... Cada fada é língua veterinária dos poros da pessoa — domina pelos poros da pessoa. A Fada me disse: "Você é mulher, você é assim por acaso. Você sou eu...". A mulher é quem goza, é ela quem sente. O homem também sente, mas quem goza mesmo é a mulher. O homem pensa que é ele quem sente, mas é a mulher que está sentindo mesmo... Mas não tem importância, o importante é nascer imortal.

Ivan, metáfora não é que a tenha encontrado, mas em sua busca, tão cheia de tropeços e retrocessos, insiste uma certeza:

A psicose e o real   95

"Sou Homem de Deus". Que o termo não nos venha iludir. Homem é o nome dado por Ivan ao que, rigorosamente, designa a posição feminina — posição de passividade que faculta ao sujeito o usufruto de um gozo advindo do Outro, gozo do Outro, o genitivo tomado aqui em seu sentido subjetivo. O que Ivan nos diz é que seu gozo vem de Deus, um deus que o assujeita a seus desígnios e milagres, que o confirma na posição de objeto:

> Eu tenho um brilhante na cabeça, entre os olhos. Minha cabeça tava vazia, aí Deus me salvou, me botou a pedra e eu tive compreensão — você vê, meus olhos não mexem porque tem um fio que liga os olhos à pedra, no meio do cérebro — sou Homem de Deus... Quando eu tinha dois meses tive impetigo, que tirou minha compreensão, depois com 24 anos Deus me deu compreensão, fiquei Homem de Deus... Não tenho permissão para ir pro caminho do mal, é por isso que Deus me deu permissão pra eu me suicidar. Quem não é Homem de Deus, quando tem problemas vai logo pro caminho do mal — eu, não. Eu tenho essa proibição. Sou Homem de Deus, não posso ir pra máfia, é por isso que posso me suicidar... Deus botou na minha cabeça: circo, comédia e amor...

Schreber, David e Ivan atestam, cada um com seu delírio, o que Lacan, num dos seus mais herméticos escritos, "O aturdito",[43] nomeou empuxo-à-mulher.

Desvalido do significante fálico, o psicótico tende para o que é próprio a uma mulher cuja condição se define pelo não todo atrelamento à lei fálica. Por aí se aproximam, a despeito da distância que os separa, o psicótico e a mulher, carentes ambos do significante suporte de suas identidades. É então que qualquer coisa da ordem de uma afinidade, de uma atração, empurra o psicótico a fazer dos emblemas e insígnias da mulher pontos de apoio, marcas e margens de referência que, malgrado sua natureza precária, ordenam minimamente o fluxo turbulento do seu existir. O empuxo-à-mulher é uma tendência que, afetando o psicótico, lança-o na direção da vida — uma paixão alegre, no sentido de Spinoza, uma afecção que potencializa as forças da vida. Foi o que ocorreu com Schreber. Torturado pelo sofrimento que a doença lhe impunha, desesperando-se a ponto de tentar por duas vezes o suicídio, Schreber, a duras penas e à custa de uma "modificação total" de sua vontade, acabou por conquistar uma serenidade lúcida, fruto da reconciliação com a ideia de ter que ser transformado em mulher. Uma reconciliação que o conduziu, "com plena consciência", ao culto da feminilidade, culto que, se afirmando para além de qualquer preocupação com o julgamento alheio, "sadio egoísmo", tornou-se seu único guia.[44]

Em direção contrária, entretanto, se encaminha uma outra tendência, sombria e grave, sempre presente na experiência psicótica: é o empuxo-à-morte, uma inclinação que, não raro, se realiza até as últimas consequências, traçando o fim trágico de não poucos psicóticos. Aí se constata que, ao *"Che vuoi?"*, a resposta "Ele quer minha perda" é ato mais que resposta, um ato extremo, absoluto, sem vacilação, sem volta.

Às vezes, quando uma confluência de acasos felizes permite que uma falta se articule, um saber se organize, podemos ouvir dos nossos psicóticos relatos de rara gravidade e beleza, como o desse rapaz esquizofrênico, vítima frequente de episódios catatônicos: "O ar está parado, as árvores não dão flores, as

A psicose e o real

mulheres grávidas não têm filhos, para que a vida continue é preciso que eu morra".

Em algumas ocasiões, o empuxo-à-morte comporta, menos radicalmente, uma certa medida de compromisso, um quê de negociação, de acordo com o Outro: dão-se os anéis para não se perderem os dedos. É o caso de um outro paciente esquizofrênico que sangrou com pequenos cortes superficiais quase o corpo inteiro e, passada a crise, revelou a seu médico: "Eles queriam que eu me jogasse pela janela... Fiz isso pra eles pararem de gritar...".

Uma outra modalidade de empuxo-à-morte, triste e banal, apresenta-se sob a forma de inércia, uma das figuras primárias do gozo, frequentemente confundida com a depressão psicótica.[45] Trata-se aqui, na verdade, de uma inércia essencial, falta de elã vital que, insidiosa, mina e arruína a existência do sujeito e usurpa-lhe essa alegria quase imperceptível de tão natural que é o próprio sentimento de estar vivo.

Ella, criatura mergulhada numa impermeável indiferença, diz numa frase, com extraordinária precisão, tudo o que é seu interesse na vida: "Só tem duas coisas que eu gosto no mundo: ouvir música e beber cerveja". E isso nos períodos em que consegue escapar de inércia maior que a imobiliza inteira: "Quando a apatia me invade", diz, "eu não posso fazer nada...".

Nas suas diferentes feições, o empuxo-à-morte é, da psicose, o efeito mais desolador, estranho e amargo fruto da carência de posição jurídica na vida social, condição própria ao psicótico, esse sujeito despossuído de inscrição em qualquer discurso estabelecido — do mestre, da histérica, da universidade ou do analista — que lhe possa valer de sustentação e referência. Essa situação de extremo desamparo é a sorte daqueles cujo processo de engendramento do sujeito falhou em algum ponto essencial.

Partindo de um axioma central em sua teoria — "Tudo surge da estrutura do significante"[46] —, Lacan formulou duas operações significantes primordiais — alienação e separação — que, ordenando-se numa relação circular mas assimétrica, não recíproca, vêm constituir o fundamento e a causa do sujeito.[47]

Primeira, lógica e não cronologicamente, a alienação institui a divisão do sujeito. Ela é causa de sua vacilação, báscula incessante que condena o sujeito a deslizar sob a cadeia, situando-se num lugar indeterminado entre um significante e outro, entre um que o representa e outro para o qual o sujeito é representado.

Aqui no campo do Outro, lugar onde habita a cadeia significante, a alienação faz surgir do vivente um sujeito. De um *infans*, de um ser entregue à sua "inefável e estúpida existência", a alienação engendrou um sujeito falante, sujeito a/de equívocos, chistes, sonhos, sintomas, um sujeito do inconsciente. Tudo isso a um preço: o preço de uma perda. Uma perda vital, perda da condição de vivente, esse puro organismo vivo. Trata-se aqui de uma escolha: o ser ou o significante, o ser ou o sentido, o ser ou o Outro.

Escolher sujeito é escolher o Outro, a cadeia significante, é eleger sentido, e, em escolhendo significante e sentido, necessariamente perder o ser — "o que havia aí desaparece por não ser mais que um significante",[48] diz Lacan ao narrar a parição do sujeito. Escolher sujeito é, portanto, forçosamente, escolher não mais ser, no que o sujeito é essa função que "só se constitui se subtraindo, se descompletando essencialmente para, ao mesmo tempo, dever contar-se aí e apenas fazer função

A psicose e o real   99

de falta".[49] Escolher sujeito, esse traço não contável, esse um-
-a-menos, é eleger ser regido por uma dialética que o condena a
desaparecer para surgir. Desaparecer enquanto ser para devir,
surgir no campo do sentido — sentido acompanhado necessariamente de não sentido, mordido de não sentido, que é o índice do ponto de falta no Outro, significante da falta do Outro.

Por outro lado, como ocorre na psicose, escolher o ser é
perder o sentido, é cair no puro não sentido, e por aí mesmo
petrificar-se no significante — o significante da falta do Outro —, e assim perder o ser e o significante.

Temos aí o dado essencial, primário da alienação significante: o de ser uma escolha forçada onde qualquer que seja
o termo escolhido haverá perda, e perda sempre de um mesmo
termo, o ser. Toda a questão se reduzindo a conservar ou não
o outro termo, o significante. Escolhendo o significante perco
o ser, escolhendo o ser perco o ser e o significante.

O sujeito em sua divisão está, portanto, constituído. Mas
não de todo. Para que o sujeito se realize, uma segunda operação se impõe, uma nova operação de divisão causada agora não
mais pelo significante e sim pelo objeto. Esse segundo nível de
divisão, essencial para que avance o processo de parição do sujeito, origina-se de um resíduo, resto impossível de ser apreendido pela linguagem, objeto heterogêneo e errático que escapa
sempre das malhas do significante — objeto *a*. Essa segunda operação de divisão causada pelo objeto *a*, Lacan nomeou-a
separação e deu-lhe estatuto de condição de possibilidade da
constituição do desejo e da aquisição de um estado civil, fundamento da posição jurídica do sujeito tomado no laço social.

O essencial da operação de separação consiste em o sujeito
encontrar uma falta significante no Outro e em fazer equivaler

essa falta à sua própria perda constituída no tempo anterior da alienação. Encontrar uma falta no Outro é fazer a experiência da castração. É descobrir que o Outro é inconsistente, que seu discurso é atravessado por furos que esburacam o sentido, é fazer a prova de que, em seu discurso, o Outro é habitado por outra coisa, coisa obscura e misteriosa, para além dos efeitos de sentido. Encontrar uma falta no Outro é descobrir desejo. É, desse Outro, isolar, extrair, fazer aparecer esse nebuloso objeto feito de falta, sempre alhures, sempre elidido, puro vazio, não coisa, só causa — objeto a, objeto causa de desejo.

Em fazendo equivaler a falta surpreendida no Outro à sua própria, em se utilizando da astúcia de provocar, com seu desvanecimento, falta no Outro, o sujeito conquista um lugar. Um lugar onde se institui e se estabiliza, escapando da vacilação entre um significante e outro, entre o sentido e o não sentido, báscula contínua à qual fora submetido pela alienação.

Através do trabalho empenhado em esvaziar o Outro e extrair-lhe um algo, um pequeno nada precioso — *agalma* de Sócrates, objeto a —, para com isso se completar, o sujeito opera uma sutura com o objeto cujo nome é fantasia. Essa sutura é, a rigor, uma nova divisão efetuada pelo objeto — "Não há nada a mais no mundo que um objeto a, cagada ou olhar, voz ou teta que refende o sujeito e o mascara nesse dejeto que lhe, ao corpo, ex-iste".[50] Essa sutura, de fato, é refenda, dupla divisão, costura de dois vazios — do sujeito e do objeto —, sutura paradoxal que realiza o sujeito do inconsciente, um estranho sujeito que se constitui de duas faltas.

Essa sutura/divisão, conjunção/disjunção do sujeito com o objeto que se escreve $ \$ \lozenge a $, fantasia, é uma estrutura essencial a

A psicose e o real

todo sujeito, um arranjo significante, uma frase, uma resposta, réplica sua à falta encontrada no Outro, a Seu desejo. Uma resposta, uma significação na qual o sujeito se implica, se engaja e se oferece, no plano significante, como isso, esse objeto que falta e que completaria o Outro.

Subjetivação em segundo grau — o primeiro levado a efeito pela alienação —, a fantasia é fundada num terceiro termo que media a relação do desejo do sujeito com o desejo do Outro. Relação para o sujeito perigosa e tensa, "que literalmente o aspira e o deixa sem recursos",[51] essa relação de colorido dramático apela para a presença de um terceiro, o Pai, o Nome-do-Pai que, pela via da metáfora paterna e da significação fálica correlata, engendrará um saber sexual que tornará possível ao sujeito fazer face ao Outro sem que a ameaça de aniquilação venha inundá-lo inteiro e reduzi-lo à condição de objeto indeterminado, puro suporte do gozo do Outro.

O saber do Pai sobre o desejo do Outro é, contudo, sempre parcial, limitado, não se prestando como garantia absoluta contra a angústia suscitada pelo desejo do Outro, angústia à qual o neurótico está sempre exposto. Entretanto, é pelo fato mesmo de ser uma defesa que comporta uma falha estrutural que o Nome-do-Pai se faz condição de possibilidade da fantasia e do sintoma neuróticos, essas estruturas que o sujeito constrói para defender-se contra a angústia,[52] reforçar a castração, fortalecer a metáfora paterna e revigorar o saber do Pai no ponto onde esse saber fraqueja.

O Pai, sua função, cria para o sujeito, a um só tempo, lugar fixo e distância em relação ao Outro. Lugar fixo dado pelo objeto na fantasia e distância produzida pela articulação significante do sintoma.

Por um lado, no ponto de falta do Outro, lugar delimitado pela borda que organiza o furo, aí mesmo onde se aloja Sua inconsistência, o sujeito encontra um lugar fixo, uma posição estável que só o objeto pode dar e que lhe assegura um esteio, um arrimo, suspendendo como numa pausa a vacilação sempre presente, modo de ser do sujeito sob a cadeia significante. Por outro lado, pela via da articulação significante, se constrói para o sujeito uma distância em relação ao Outro, uma separação, um espaço-intervalo absolutamente vital e cuja ausência tornaria impossível o surgimento do sujeito. Isso porque, no plano significante, o sujeito estaria condenado a uma afânise sem trégua, à pura deriva, à dispersão metonímica ao longo da cadeia, e, no plano objetal, estaria fadado a ser apenas dejeto, resto, objeto indiferenciado do Outro e Seu gozo, lugar de perdição onde o sujeito some e se abisma.

O Nome-do-Pai, que opera como condição de possibilidade da separação, leva o sujeito de volta ao ponto de partida de seu processo de constituição, que assim se realiza enquanto movimento circular: alienação/ separação/ alienação. Um processo em que o primeiro tempo, o da alienação, o da divisão fundamental do sujeito, desde sempre estivera aí — é necessário supor a todo falante escolha forçada do Outro, lugar onde tem que se constituir, e perda fatal do ser —, mas onde esse primeiro tempo só ganha efetividade a posteriori, a partir do segundo tempo, o da separação, que remete, dá sentido e nos permite apreender o primeiro. Só depois da separação, nome lacaniano da castração, seria possível falar-se com rigor de alienação e marcar sua diferença frente à petrificação significante, uma das possibilidades do *vel* alienante.

A psicose e o real   103

Fundamento de uma alienação efetiva e garantia de não petrificação significante, o Nome-do-Pai é a causa da identificação
simbólica do sujeito — uma identificação ao traço unário, esse
um da diferença, traço puramente distintivo que constitui o
sujeito em sua singularidade e que, por permanecer o mesmo,
sempre igual a si mesmo, é a referência de permanência do
sujeito.[53] A identificação simbólica correlata à alienação significante é um modo de identificação no qual o que predomina
é o nome. Não o nome comum que implica uma descrição
do referente e concerne ao objeto enquanto lhe traz um sentido, mas o nome próprio, nome que designa o sujeito sem
que lhe faça qualquer atribuição de propriedade, nome que é
uma marca isenta de sentido, alheia a toda predicação, letra
superposta ao sujeito, índice do lugar vazio da falta de ser que
é o ser mesmo do sujeito, "esse ser que aparece em falta no mar
dos nomes próprios".[54]

Na psicose, entretanto, em consequência da foraclusão do
Nome-do-Pai, o tempo de separação não se realiza sem fratu-
ras, o que por sua vez compromete perigosamente a alienação,
destinando o psicótico à petrificação significante, por um lado,
e obrigando-o, por outro, a uma ortopedia, mosaico de defesas
para suprir a falência da separação.

O fracasso da separação condena o psicótico a um destino
nômade. Seu Outro consistente, sem furo nem borda, não lhe
deixa nenhum sítio onde possa alojar-se. Sem qualquer espaço-
-intervalo entre os significantes onde viria hospedar-se o sujeito, esse Outro inóspito, de uma hostilidade feroz, faz do
psicótico um apátrida errante, estranho estrangeiro. Esse Outro em seu imenso desprezo e abandono reduz o psicótico a
um objeto decaído, sem contorno, sem moldura, objeto não

identificado, resto lançado à toa, à mercê dos indecifráveis desígnios da tirania do Outro. Para falar disso, ninguém melhor que Matias, um esquizofrênico quase inteiramente tomado por um redemoinho delirante que, se por um lado lhe infligia o sofrimento de uma dispersão infinita, por outro não lhe arranhava em nada a lucidez. Exibindo um saber exato acerca de sua experiência e com a força de um desesperado, ele falava aos borbotões, quase me gritando aos ouvidos: "Não tenho forma, não tenho número, sou o sem-número, o que caminha...". E Ivan, discorrendo sobre si mesmo, num misto de lamento e indignação, ponderou: "Um menino desse, excelente, jogado às trevas assim?!".

Desse Outro avesso a toda acolhida dá provas o sentimento, tão frequente nos paranoides, de estar exposto, de ser visto — observado — e de ser vista, panorama, paisagem. "Sou sempre vista", escreveu num desenho — último de uma série cuja temática central era o olhar — uma moça esquizofrênica que vivera durante seis anos confinada a uma cama de hospital sem que jamais de sua boca um esboço de frase articulada se fizesse ouvir. "Sou sempre vista", explicou a seu médico, "quer dizer, violada, possuída e logo despossuída, espoliada, despersonalizada."[55] "Sou sempre vista", comenta Lacan, "não é apenas um particípio passado, é também a vista com seus dois sentidos, subjetivo e objetivo, a função da vista da visão e o fato de ser uma vista como se diz *a vista da paisagem*, aquela que é tomada aí como objeto sobre um cartão-postal."[56] Objeto, mercadoria despudoradamente exibida a olhares indiscretos, ferinos e perigosamente assustadores.

O sofrimento de ser deixada, largada, rejeitada e ejetada pelo Outro, "essa amarga escola de sofrimento", como diz Schreber,

A psicose e o real

de ser exposta, posta a nu, exibida sem véus a um impossível olhar, a uma insuportável ausculta, esse sofrimento se dá a conhecer aqui através de Lucila, esquizofrênica paranoide que, numa fala pungente, mistura de raiva e desolação, acusa:

> Ele (seu primeiro analista) me expôs: tudo que eu contava lá, saía... Falei muita coisa, muita bobagem e tudo saía de lá... Fiquei sem defesas... Ele deixava ouvir tudo... Canalha!... Fez papel de mercador, como eu digo — só que eu não sei pra quem fui vendida... (Às vezes) fico muito exposta, aí prefiro ficar em casa... Quando tá assim, sinto que até corro perigo de vida na rua...

Nos delírios de perseguição comparece de hábito o tema dos maus-tratos e indignidades de toda ordem, cuja figura maior em seu horror é o abandono mais solitário e desumano ao qual o sujeito é forçado, esse sujeito objetivado, reduzido ao osso de sua miséria. De novo Schreber a nos relatar o seu vivido:

> Foi preparada uma conspiração dirigida contra mim [...] que tinha como objetivo [...] confiar-me a um homem de tal modo que minha alma lhe fosse entregue, ao passo que meu corpo [...] devia ser transformado em um corpo feminino, e como tal entregue ao homem em questão para fins de abusos sexuais, devendo finalmente ser "deixado largado", e portanto abandonado à putrefação.[57]

Sem furo nem borda, assim é o Outro do psicótico. A experiência de Wolfson o ilustra de modo eloquente. Em seu procedimento linguístico-alquímico, no qual transforma insuportáveis palavras da língua materna, o inglês, em outras palavras, de outras línguas, Wolfson, esse exímio tradutor, para livrar-se do termo *edge* (borda) e encontrar seu substituto alemão, submete o primeiro a uma série de mutações linguísticas que devem passar necessariamente pelo vocábulo *bridge* (ponte). Borda e ponte são aqui termos que se intercambiam e cuja continuidade e permutabilidade assinalam em Wolfson a carência de lugar fixo e distância em relação ao Outro, traço distintivo onde se lê a assinatura da psicose.[58]

A ausência de distância entre o psicótico e o Outro, pensada aqui como efeito de um acidente primário na operação de separação, pode ser ainda articulada como resultado da não vigência da Lei, lei moral que, se instituindo enquanto proibição, criaria, ao mesmo tempo, o desejo e a Coisa como desejo impossível do desejo — a Coisa, *das Ding*, objeto por natureza perdido, interior excluído, "alguma coisa que é alheia a mim embora esteja no âmago desse eu",[59] lugar vazio sempre a uma distância necessariamente intransponível para o sujeito.

Correlata da lei da fala, *das Ding* é o que do real surge como zona de referência para o sujeito, o que se dá pelo fato mesmo de haver significantes que, tal qual lâmina afiada, cortam e mapeiam o real primordial, dele fazendo sistema de orientação e ponto de mira que, à distância, norteia o encaminhamento do sujeito para o objeto e organiza, de modo válido, seu mundo da percepção.[60] Se, no entanto, a Lei é letra morta, vicissitude própria ao destino psicótico, também a Coisa carece de vida — a Lei não é a Coisa, de modo nenhum, diz Lacan, "mas eu não conheci a Coisa senão pela Lei [...], sem a Lei a Coisa estava morta".[61] Assim, se um lugar vazio e a distância como ponto

A psicose e o real

de referência não vêm se constituir, o mundo da percepção não se organiza em bases sólidas e o sujeito vaga sem leme num mundo que deixou de ser um conjunto ordenado de representações e sentidos para tornar-se uma nau de perdição.

Que, no plano da fantasia, a mãe substitua e ocupe esse lugar da Coisa, por estrutura vazia e à distância, é dado banal da experiência neurótica. Podemos, na escuta de tais sujeitos, observar a vigência da função de distância que, se impondo com eficácia, torna impossível, ao nível da consciência, a erotização desse intangível personagem e até mesmo de seus substitutos demasiado próximos. É certo que ocorrem atos falhos, fragmentos de sonhos, fugazes formações do inconsciente implicando a mãe como objeto do desejo, mas, fato notável, sem que jamais tal desejo venha a ser afirmado livre de denegações — a mãe é intocável, inacessível, numa palavra: impossível.

Aqui bem diversa é a experiência do psicótico, aturdido e embaraçado com a excessiva presença do Outro, uma presença total, sem chance de ser dialetizada, mais que presença, invasão, assalto, uso, abuso: "Minha mãe fica se insinuando pra mim, diz que eu sou a cara do meu pai!". É Fernando indignado, queixando-se, aflito, "dessa senhora que não me deixa em paz".

Wolfson, por seu lado, é alguém que nos mostra em exuberância não só exemplos mas situações em que essa falta de separação o massacra,* porém também nos faz ver todo o seu empenho, esforço inexpugnável, para construir um intervalo, uma geografia de distância, um princípio de limitação que possa resguardá-lo dessa presença excessiva, fonte de mal, dor e culpa.

---

* Ver p. 88-9.

Afogar as palavras da língua inglesa, o "idioma doloroso", transformando-as em vocábulos de outras línguas, e enfurnar-se no gabinete de estudos, lugar onde podia "estar um pouco mais seguro de permanecer isolado fisicamente de seus semelhantes" — uma e outra são táticas de desespero, vãs tentativas de produzir a necessária distância que lhe permitiria escapar da presença aniquiladora do Outro. Sempre em terceira pessoa, Wolfson prossegue seu relato:

> Perseguindo com uma verdadeira mania esses estudos [de línguas estrangeiras], ele se esforçava sistematicamente por não escutar sua língua natal, tentava desenvolver meios de converter as palavras quase instantaneamente [...] em palavras estrangeiras cada vez que estas penetravam em sua consciência, a despeito de seus esforços para não as perceber. Isso para que pudesse imaginar de algum modo que não lhe falavam essa maldita língua, sua língua materna, o inglês. Com efeito, nutria reações às vezes tão agudas que lhe era mesmo doloroso escutá-la se não pudesse, rápido, converter os vocábulos em palavras estrangeiras ou destruí-las no espírito [...].[62]

Dessa presença perturbadora o psicótico terá necessariamente que se defender. É mesmo incompatível com a vida essa proximidade irrespirável, essa presença intrusiva, compacta, do desejo do Outro. Assim sendo, o psicótico busca, como pode, construir um anteparo que organize uma distância efetiva capaz de livrá-lo do poder letal do Outro.

Quer na sua dimensão de saber organizado e total que diz o que é, quer na sua vertente de ideal que aponta para o que deve ser, o sistema delirante é uma construção defensiva, terceiro

A psicose e o real   109

termo do qual se vale o psicótico para escapar à ameaça de ser engolfado pelo gozo do Outro. Um Outro que pede algo indefinido e que, assim, ameaça o psicótico de vir a ser reduzido à posição de dejeto, objeto real dessa demanda indeterminada. Em nome da vida, então, faz-se mister recorrer a um saber que diria o que o Outro quer, querer ao qual o psicótico não pode se furtar, pois se trata aí de um imperativo de gozo. "Deus exige um gozo contínuo [...], é meu dever proporcionar-lhe esse gozo", diz Schreber, falando-nos de seu Outro luxuriante e gozador.[63] Entretanto, nessas circunstâncias, o saber ao qual se faz apelo não poderia ser limitado, parcial. Saber limitado é o saber do Pai e aqui trata-se de outra coisa — trata-se de um saber total que diria tudo sobre o Outro e sua demanda ao mesmo tempo que apontaria o lugar do sujeito, lugar de objeto determinado dessa demanda agora determinada.[64] Não se trata portanto de um saber centrado no Nome-do-Pai, mas de um saber transbordante sobre os Nomes da História.[65] Um saber holístico, total, sem brechas — um sistema delirante, eis seu nome, metáfora da metáfora paterna, que permitiria ao sujeito assenhorear-se de uma significação efetiva da vida, do sexo e da morte. Uma significação que lhe possibilitasse construir uma linguagem, uma filiação, referida não ao Pai simbólico, ao significante, mas a um pai ideal, que, sem estar desertado da dimensão simbólica, é fundamentalmente marcado por sua dimensão imaginária, pequeno outro idealizado do sujeito e ponto de referência em torno do qual uma nova ordem se estabelece.

A construção do sistema delirante autoriza que um intervalo feito de significantes se instale entre o psicótico e seu Outro, ou melhor, o delírio é esse próprio intervalo que, se instaurando aí, abre ao psicótico uma linha de fuga que o faz escapar da dolorosa exposição ao retorno alucinatório, condição em que se vê reduzido e largado na posição de resto decaído, objeto real do gozo do Outro. "Não estou aguentando ficar em pé, cabeça alta... Estou esmola". Nesse dito, com a lucidez própria à psicose, Ivan explicita o "deixar cair em relação ao corpo próprio",[66] o lugar que ocupa no gozo do Outro — lugar não do pedinte, do mendigo, do esmoler, mas do objeto. Ele é isso, essa sobra que se dá, esse resto que se perde — esmola.

Um outro recurso de plena eficiência quando se trata de proteger-se contra a invasão desagregadora do Outro e seu gozo é fechar o corpo, juntar o eu, através da dor. Os males do corpo, a dor, diz Freud em "Sobre o narcisismo: Uma introdução",[67] são capazes de tornar o amante indiferente, quer aos prazeres, quer aos sofrimentos da alma, e elevar o eu à dignidade de único objeto amado. Assim é que se pode pensar certos autoataques em pacientes esquizofrênicos como modos de barrar, limitar pela dor o gozo do Outro, gozo turvo e difuso cuja intrusão experimentam no corpo.

A problemática da introdução do gozo no lugar do Outro é aquela que, concernindo primordialmente ao real, define estruturalmente as psicoses. O gozo no lugar do Outro é talvez a mais precisa definição da paranoia,[68] e nesse aspecto o conceito de esquizofrenia não lhe faz objeção. Dizer "gozo no lugar do Outro" é dizer falência da castração, bancarrota do significante, esse operador que separa e ordena em dois planos descontínuos gozo e Outro. Tal condição sendo universal à estrutura das psicoses, se pudermos falar numa oposição esquizofrenia versus paranoia — oposição cheia de nuanças, matizes, formas de passagem —, deveremos fazê-lo com base

A psicose e o real

num outro critério de partilha que não o do lugar onde habita o gozo: tanto na paranoia quanto na esquizofrenia o gozo comparece no lugar do Outro.

A paranoia tem no delírio seu mais eficiente sistema de defesa. O delírio, sistema de rigorosa coerência e continuidade no interior das ideias, protege o paranoico da invasão do estranho e do insólito, produzindo uma teia de significações em que o terror do vivido é neutralizado e transformado numa experiência extraordinária, por um lado, e exuberante de sentido, por outro. É também o delírio a condição necessária para que o Outro venha a ser subjetivado, designado e colocado fora, a uma certa distância do sujeito, condição ausente na esquizofrenia suposta pura (formas não paranoides da esquizofrenia), na qual o despedaçamento da estrutura do Outro subjetivado deixa o esquizofrênico aberto à intrusão e ao retorno do gozo.[69]

Diferente da paranoia, a esquizofrenia em suas mais diferentes formas não conta com o recurso do sistema delirante nesse mister de defender-se do gozo do Outro. Nem por isso deixa de fazê-lo, insistindo até o limite de suas possibilidades em produzir ideias delirantes fragmentárias, carentes de verossimilhança, falhas de coerência, mas, ainda assim, um expediente contra a invasão do gozo do Outro. Ao lado das ideias delirantes, uma série de procedimentos — estereotipias da linguagem e da ação, autoataques, algumas formas de negativismo — vem somar-se e compor o que se poderia conceber como táticas de resistência mais ou menos dramáticas, mais ou menos desesperadoras, contra o advento do pior: o aniquilamento, a morte.

A psicose vem nos mostrar, sem ambiguidades, que o gozo do Outro é letal aos seres dotados de fala e que, se a gana de viver insiste em pulsar, ao falante é exigido um trabalho permanente no sentido de fazer e refazer a trama, o tecido, barreira ou véu que proteja o sujeito, interditando o olhar, cobrindo o horror mortífero, face nua do gozo do Outro.

Anexos

Psicose: Fenômeno e estrutura

PENSO NA PSICOSE COMO uma experiência que se oferece a todo aquele que fala, a todo aquele que é capaz de estabelecer laços sociais. Estabelecer e romper, pois, em seu caráter essencial e em sua dimensão trágica, a experiência psicótica constitui-se como ruptura do laço social.

Dito assim, parece haver mais de uma dimensão da experiência da psicose: uma de proporções trágicas que tocam o desespero e outra de proporções normais, discreta, sutil.

É isso que penso: para além ou aquém de uma dimensão disruptiva, tempestuosa, desorganizando o discurso e os laços que vinculam o sujeito ao Outro e à linguagem, para além ou para aquém de um acontecimento desses, existe uma outra dimensão da experiência psicótica, quase imperceptível em sua diferença, discreta e quase silenciosa, capaz de conviver, sem desafinar, com as regras do senso comum e do bom senso.

Capaz de estar presente sem destoar nem fazer barulho, essa forma de psicose só se denuncia a posteriori como aquilo que de há muito já estava aí, muito antes do momento trágico do desencadeamento. O momento do desencadeamento é a hora da ruptura, momento em que a experiência se desvela, mostrando, nua e crua, as entranhas daquela condição antes insuspeitada. Insuspeitada porque convivia aí, sintônica, silenciosa.

É o caso de um paciente que veio me procurar torturado por um delírio de ciúme. Era um homem de quase setenta anos. Estava ali, dizia, porque um acontecimento trágico se abatera sobre ele, um acontecimento que lhe suscitava raiva e ódio, raiva e ódio que ele queria manter acesos para agir com firmeza e dignidade.

E qual fora o acontecimento?

O acontecimento é que vira sua mulher, uma senhora de seus 65 anos, emitir sinais em direção à janela do prédio em frente. Eram sinais que se destinavam a marcar um encontro erótico, e o destinatário era o vizinho escondido pelas luzes apagadas do apartamento em frente.

Augusto, eu o chamarei assim, não tinha dúvidas. Contra tudo e contra todos, tinha toda certeza. Para ele não se tratava de interpretação. Tudo era fato. O incômodo é que se sentia obrigado a convencer os outros, inclusive a mim, de uma verdade para ele evidente. E assim, buscando me convencer, disse — e essa é a frase decisiva para o que quero ilustrar —: "Sempre fui ciumento, mas agora não é ciúme, agora eu vi".

O trabalho com Augusto me fez pensar que ele sempre conviveu com a condição paranoide: uma condição cujo sinal mais relevante era o ciúme, mas condição e sinal que sempre se apresentaram em consonância com o tolerado pelas exigências e complacências sociais. Sempre fora assim, até o dia em que uma constelação de acasos o lançou numa circunstância impossível de responder, impossível de suportar com a mesma performance sintônica e consensual de sempre, circunstância a partir da qual experimentou a psicose em sua dimensão trágica.

Augusto não é o único a ilustrar essas duas possibilidades da experiência psicótica. Ney, por exemplo, parece ser um ho-

Anexos

mem normal como poucos: sensato, pai cuidadoso, amigo fiel, amante inflamado, profissional responsável. No entanto, tudo isso desmorona quando as mulheres o deixam. É aí que se vê, com nitidez, o lastro, o fundamento de um edifício aparentemente bem arquitetado. O fundamento é a paranoia: "O Outro quer meu mal". Em todas as suas facetas essa enunciação comanda seus pensamentos, percepções e atos. Atos que ele próprio abomina — segue e persegue, compulsivamente, a mulher —, atos em que o perseguido se faz perseguidor. Afora esses momentos trágicos, a vida segue normal, comum. Mas, na análise, lugar de exceção, seu discurso não engana quanto à qualidade de sua experiência — uma experiência paranoide, com seu peso, com sua dor. Quase toda sessão se abre com frases assim: "Alguma coisa está acontecendo que me diz respeito, mas não sei o que é", "Tenho a sensação de que estou sendo manobrado, usado", "Me sinto empurrado, ainda que seja para caminhos nobres", "Sinto que já aconteceu... sem a minha participação, ou melhor, sem meu conhecimento... Me sinto manobrado, ou melhor, um instrumento... Me sinto sem autonomia".

Ney ilustra bem as duas dimensões da experiência psicótica. Mas não só isso. Sua história confirma a tese de que é necessária uma certa configuração, uma certa constelação de acasos, para que o silencioso grite, para que o ordinário se faça extraordinário e o normal, o comum, se torne trágico. Aqui o que configura a ruptura é a quebra do vínculo com o Outro, Outro idealizado e identificado como eu, eu ideal. Esse Outro, para Ney, é encarnado nas mulheres. E as mulheres, para ele, não são a diferença, elas são o mesmo. Para ele uma mulher não é o que se furta, não é o que escapa. É o que se apreende. E apreende-se inteira, toda, sem meias medidas. É assim que ele vê a mulher, e é uma mulher assim que ele exige como condição para o laço amoroso: "O que quero de uma mulher", diz, "é que ela seja apaixonada, cúmplice, que se dê inteira, sem esconderijos". Para Ney o amor é transparência total, fusão, ausência de mistério, reino do mesmo. Sua concepção de amor opõe-se, em tudo, àquilo que Lévinas, numa bela entrevista, declarou: que o amor não é "nem uma luta, nem uma fusão, nem um conhecimento. É preciso reconhecer seu lugar excepcional entre as relações. É a relação com a alteridade, com o mistério, quer dizer, com o porvir, com aquilo que, num mundo onde tudo está aí, nunca está aí".[1] Na falta desse outro reduzido ao eu, é o eu quem desvanece, desmorona, desorganiza-se. Nessa hora, uma proliferação de fenômenos especulares, marcados de intensa rivalidade imaginária, tomam a frente da cena, cena na qual se desenrola a experiência psicótica em sua dimensão trágica.

Aberta a todo sujeito, a experiência psicótica é possível e contingente. Não me parece ser nem acontecimento necessário, reservado a alguns sujeitos, nem experiência impossível, excluída, para outros. Exemplo disso é o que a psiquiatria clássica nomeou "loucura histérica". Loucura histérica, isto é, loucura na histeria. Loucura histérica, isto é, histeria enlouquecida. Aqui se trata de um sujeito que viveu, até ali, num laço com o Outro, laço este caracterizado por um apelo e por uma recusa simultâneos. Apelo, demanda de que o Outro lhe dê algo, de que o Outro o faça ser alguma coisa; recusa daquilo que lhe é dado, recusa e denúncia de que isso que lhe é dado não é bem o que se quer. Aqui se trata de um sujeito que, por amor ao Pai — um pai ideal, idealizado, divinizado —, reduz à impotência todo aquele que se oferece como pai ou mestre.

Anexos   119

Aqui se trata de um sujeito que, sem essa referência ao Pai, não poderia subsistir. E, se uma constelação de acasos ameaça e faz cair em desgraça essa função, o sujeito vê seu mundo em ruínas: o sentido já não se sustenta, os laços não mais se atam, o chão foge dos pés, tudo gira fora dos eixos. E todo um arsenal de providências, toda uma série de cuidados se faz necessário para que o mundo se reordene, os laços se enlacem, o sentido volte a fazer sentido, a função do pai se restaure.

Não só o histérico: também o obsessivo, tão cheio de fortalezas e armaduras, defesas e escudos, não é imune à experiência psicótica. Suas defesas podem se tornar grilhões, suas armaduras podem se fazer algemas, suas fortalezas podem vir a ser prisões. Capturado em seus próprios ardis, ele pode tornar-se imóvel, paralisado, morto-vivo mais morto do que vivo, escravo de suas ideias e atos, vítima de seus rituais e manias, incapaz de trabalhar, amar e gozar. Em poucas palavras, incapaz de fazer laço social com o Outro. É bem isso o que caracteriza a experiência psicótica em sua dimensão trágica: a ruptura do laço social. É nisso que ela é disruptiva, explodindo a continuidade dos eventos que se sucedem no tempo de uma vida. Ela embaralha códigos, varre referências e subverte tempo e espaço, que deixam de ser coordenadas firmes nas quais acontecem coisas, fenômenos previsíveis ou inusitados, mas sempre dentro dos eixos.

A experiência psicótica, enquanto ruptura no tecido do mundo, é a invasão do estranho: um estranho dissociado do familiar, um estranho não acolhido como meu íntimo, terra estranha exterior.

As várias formas do automatismo mental, de um modo ou de outro sempre presentes na psicose, atualizam uma das figuras do estranho. Trata-se da figura do autômato: isso que rouba o lugar daquilo que deveria ser espontâneo e natural, tão espontâneo e natural a ponto de não se fazer notar. O autômato é a figura em movimento daquilo que deveria ser inerte, areia movediça no lugar de terra firme, voz no lugar do silêncio.

O automatismo mental é essa presença do Outro e seu discurso, presença de uma exterioridade no centro da intimidade do sujeito. O Outro, que a rigor é uma exterioridade, os significantes que, de fato, advêm do Outro, tudo isso é torcido, subvertido, quando se trata do neurótico: a exterioridade se torna íntima e o estranho, *Unheimlich*, se faz estranho-familiar. Mas com os psicóticos é diferente. O sujeito afetado pelo automatismo mental queixa-se de invasões, abusos, roubos de pensamento, palavras impostas: vozes gritam no silêncio, presenças intrusas tomam seu pensamento e seu corpo, semeando estranheza, transformando território íntimo em região estrangeira. Mais de um paciente já me perguntou: "Você não ouve?", "Você não tem mediunidade?", "Como pode não ouvir?". E Lenz, aquele esquizofrênico dos intermináveis passeios a pé, torturado e roubado em seu sono por uma voz persistente, um dia interrogou seu amigo, alguém como qualquer um de nós que temos ouvidos para não ouvir: "Não está ouvindo nada? Não está ouvindo a voz terrível que grita pelo horizonte afora e que se costuma chamar silêncio?".[2]

Os neuróticos não o ouvem justamente porque têm ouvidos para não ouvir. Eles estabelecem um laço de vizinhança e continuidade com o Outro, numa torção que transforma esse Outro exterior numa exterioridade íntima, estrangeiro-familiar, terra estranha interior. Funcionam, assim, num plano con-

Anexos

flitivo ou dramático com o Outro, conflito ou drama quase sempre recortados por alguma trégua.

Na psicose é diferente. A experiência é de ruptura, e a condição do sujeito é trágica. O psicótico é dominado por um impossível de suportar, ao mesmo tempo que insiste em viver, ao mesmo tempo que persiste em aguentar. Nesse afã, parece seguir a fórmula de Beckett: "É preciso continuar. Eu não posso continuar. Eu vou continuar".

Falei, de início, que penso na psicose como experiência aberta a todo sujeito. Essa afirmação agora exige ser precisada. Que a psicose seja uma experiência aberta a todo sujeito não nos autoriza a concluir que todo sujeito seja psicótico. Não. Nem todo sujeito é psicótico, não estão extintas as diferenças entre o sujeito neurótico e o sujeito psicótico, não há um trânsito livre entre uma condição e outra; há constrangimentos, há estruturas.

É fato, todo analista o observa, é próprio da nossa condição subjetiva — de nossa precária condição — fixarmo-nos num determinado modo de funcionamento, insistirmos num determinado modelo econômico, aferrarmo-nos a uma certa posição na existência. Fixação, insistência e apego que, apesar de serem construídos, apesar de serem ficções, nos fixam, nos constrangem. Fixam em nós um modo de ser tão monótono e idêntico, tão compulsivamente o mesmo, tão repetitivo, que acabam por engendrar em nós uma identidade, um nome, um destino. Falo da identidade, do destino e do nome do sujeito. E, numa redução proposital — em que tento buscar recorrências, traços distintivos e invariâncias —, falo do sujeito psicótico e de sua diferença em relação ao sujeito neurótico. Falo da construção sincrônica, das redes, das relações de solidariedade e vizinhança entre os elementos constitutivos da configuração psicótica em sua singularidade face à configuração neurótica. Falo da estrutura do sujeito psicótico em sua diferença em relação ao sujeito neurótico. Falo, por fim, de uma articulação entre estrutura e fenômeno. É assim que conjugo a afirmação de Lacan "Não é louco quem quer" com a afirmação que fiz no início deste texto, de que a psicose é uma experiência que se oferece a todo aquele que fala. Malgrado as aparências, essas afirmações não implicam qualquer contradição. A primeira diz respeito à estrutura e a segunda concerne ao fenômeno — e, juntas, explicitam a articulação e a diferença entre estrutura e fenômeno.

O fenômeno, a experiência da loucura é dado a todos.

A estrutura psicótica só é dada a alguns.

A estrutura psicótica — esse constrangimento ao mesmo tempo contingente e necessário que fixa o sujeito numa determinada posição na existência, numa determinada relação com o Outro e com o objeto, num liame particular com a verdade e com o saber, num laço sui generis com o desejo e o gozo —, isso é exclusivo de uns, isso é excluído a outros.

Falei, e fala-se correntemente, em estrutura psicótica e estrutura neurótica. Mas, se formos rigorosos, deveremos assinalar que o termo "estrutura" está sendo usado em seu sentido lato. A estrutura, stricto sensu, que concerne ao falante, é a articulação mínima de quatro:[3] quatro elementos, quatro lugares, quatro dimensões. É o que Lacan designou como estrutura quadripartite, uma estrutura "sempre exigível na construção de uma organização subjetiva".[4] E, definindo-a num nível mais radical, formal, "nível da logificação da nossa experiência", enunciou: "A estrutura é S($\mathbb{A}$), só isso".[5] Dizer que a estrutura

Anexos 123

é S(Ⱥ) é dizer os quatro termos que a constituem: S1, S2, *a*, Ꞩ. É que S(Ⱥ) é o significante da falta de significante, o significante por excelência, condição de possibilidade da cadeia, da articulação significante. Dizer, portanto, S(Ⱥ) é enunciar pelo menos dois significantes: S1 — S2. E porque essa articulação implica necessariamente uma perda, algo que escapa sempre, dizer S(Ⱥ) é também dizer *a*. E mais: como *entre* o que se articula e o que escapa sempre emerge um efeito, efeito sujeito dividido *entre*, dizer S(Ⱥ) é, por último, dizer Ꞩ. Temos aí, a partir de S(Ⱥ), os quatro elementos constitutivos da estrutura: S1, S2, *a*, Ꞩ. Essa é a estrutura própria a todo falante, estrutura que o espera desde sempre e onde o sujeito faz seu habitat. Esse habitat é a linguagem, que, ao mesmo tempo, o acolhe e o golpeia: "A relação do órgão da linguagem com o ser falante é metáfora. É também *stabitat* [este habitat] que, pelo fato de o habitante se fazer aí parasita, supõe-se que lhe aplique o golpe de um real".[6] O nome próprio desse golpe é trauma. E cada sujeito, a partir desse trauma, vai se situar de um modo particular na estrutura.

Psicose e neurose são designações genéricas de dois modos de inserção do sujeito na estrutura. Psicose e neurose são duas configurações, dois arranjos, isso que Lacan chamou "faces da estrutura normal",[7] numa referência à estrutura topológica que se define por manter propriedades invariantes a despeito de transformações contínuas. Neurose e psicose seriam, nessa referência, transformações contínuas de uma estrutura invariante, mínima, quadripartite, tematizada e escrita de diferentes modos por Lacan, e que encontrou no nó borromeano a quatro — Real, Simbólico, Imaginário, Sinthoma — sua escritura última.

Essas duas configurações — neurose e psicose — se distinguem, se singularizam, pelo modo através do qual o sujeito se relaciona e se situa face ao Outro e seu objeto. E a fantasia é a estrutura privilegiada para se pensar essa relação.

Perspectiva através da qual cada um experimenta o mundo e a vida, e prova do pouco de realidade que lhe é dado provar, a fantasia nos deixa ver como o sujeito lida com o Outro e seu objeto, incluindo aí o que é da ordem da verdade, do saber, do desejo, da demanda e do gozo.

A fantasia é a resposta do sujeito à questão do Outro, ou, mais radicalmente, é a resposta ao Outro como questão. O Outro como questão é um dos nomes da linguagem, essa máquina que só funciona desarranjada, isso que torna o sujeito sua engrenagem, tornando-o parasita desse habitat. Máquina desarranjada a falar incontinenti, sem jamais dizer o que quer, dizer ininterrupto onde sempre resta algo por dizer, a linguagem é isso que fisga os seres capazes de fala, colhe-os e acolhe-os, mas não os protege do golpe do real — real que golpeia os falantes tornando-os sujeitos. Esse golpe é a própria incompletude estrutural da linguagem, essa malha de palavras, significações e sentido, malha sempre ávida por mais e mais palavras, significação e sentido, verdadeira teia onde mora o sujeito, parasita desse habitat, sempre às voltas com o real.

Os sujeitos, neuróticos e psicóticos, respondem ao real com a fantasia.

A fantasia neurótica é um modo de resposta cuja particularidade é a de funcionar segundo a lógica do enigma. O enigma é uma enunciação sem enunciado, "uma enunciação tal que não se encontra o enunciado",[8] uma questão elevada à enésima potência, questão que não se deixa tocar, nem se render a qual-

Anexos   125

quer resposta. E é como enigma que o neurótico toma o silêncio do Outro. Qualquer resposta inventada pelo sujeito não
se afina, não se harmoniza, mantém-se separada da pergunta.
Assim, a fantasia neurótica mantém uma defasagem, um lugar
vazio, ponto de suspensão, entre resposta e pergunta, entre
enunciado e enunciação. Esse lugar vazio, fosso irredutível, é
o indestrutível desejo. Desse desejo que é vivido como desejo
do Outro — em sua dupla determinação, subjetiva e objeti-
va —, e que oferece ao sujeito a experiência de seu próprio vazio, o sujeito neurótico se defende. Ele o faz tentando reduzir
todo desejo a demanda, demanda que em última instância é
demanda de amor. É a saída amorosa, em que o amor é tomado
como a via onde toda precariedade se desfaz, onde todo vazio
se obtura. Aqui, graças ao gesto de oferecer-se como objeto que
completa o Outro em sua demanda, o sujeito recebe em troca,
numa feliz inversão, a completude que lhe falta.

A fantasia neurótica, essa resposta não toda ao silêncio enigmático do Outro, tem a particularidade de ser uma invenção
de saber inacessível ao próprio sujeito que a inventa. Invenção de
saber inacessível ao sujeito é um dos nomes do inconsciente.
Dizer isso é afirmar que, com a fantasia neurótica, o sujeito
inventa o inconsciente.

A fantasia delirante[9] é diferente. Ela é uma resposta não a
um enigma, mas a uma pergunta óbvia. Ela é uma resposta
não a um silêncio enigmático, mas a um silêncio obviamente
maldoso, nocivo, mau. Um silêncio ensurdecedor, feito de
vozes que não param de falar, cheio de ruídos e gritos, verdadeira barulheira que se intromete no discurso, perturba a
fala, os laços e a vida do sujeito. "Ouço todas as loucuras que
a humanidade disse há séculos... Vêm todos os bichos, *folie*

des bêtes", nos diz Vera, a propósito de uma experiência que a joga num espaço aberto, "desatado" e ruidoso. E as perguntas de Lenz, "Não está ouvindo nada? Não está ouvindo a voz terrível que grita pelo horizonte afora e que se costuma chamar silêncio?".[10] O silêncio do Outro não é tomado aqui como um enigma, apenas como uma simples questão. Diferente do enigma, uma questão pode dar lugar a uma resposta suficiente, uma resposta que seja a morte da pergunta, uma resposta que se ajuste inteira à questão. E a fantasia delirante é uma resposta que se acopla inteira, que se aglutina à questão.

Homogênea, maciça, a fantasia delirante é uma resposta sem resto, proporcional e complementar à pergunta do Outro. Com toda certeza, sem lugar para dúvidas, vacilações ou disfarces, a resposta delirante não é apenas terrível — "O Outro quer meu mal" —, mas sobretudo inconteste. O terror aqui não advém do conteúdo, conteúdo este partilhado genericamente por todos os seres falantes. "O Outro quer meu mal" é a primeira resposta de todo sujeito a esse fortuito e inevitável mau encontro que inaugura nossa relação com o mundo como "algo de profundamente, inicialmente, inauguralmente lesado".[11] O terror é que a fantasia delirante não permite contestação. Aqui não há brecha para controvérsias, equívoco, incerteza. A verdade toda não comporta máscaras, semblante, jogo de cena. Não importa o quanto doa, aqui o gozo não se deixa domesticar pelo princípio do prazer. Fantasia sui generis esta que não se presta a mitigar a dor, nem a confortar o sujeito. Entretanto, a rigor, é fantasia, no que cumpre sua função maior: oferecer ao sujeito uma significação absoluta[12] ao desejo do Outro e, assim, obturar no sujeito sua falta-a-ser. Nesse mister a fantasia delirante é mais bem-sucedida que a fantasia neurótica.

Anexos

Ao responder sem resto que o Outro quer seu mal, o sujeito constitui-se como objeto da maldade do Outro, sua presa indispensável, condição que, de pleno direito, justifica e dá consistência à sua vida, uma vida dura, feita de trabalho, criação e não pouco sofrimento. "Louco é criativo", dizia-me uma paciente, "porque tem que desmontar e montar. É desmontar e montar. Dá muito trabalho."

A fantasia delirante realiza a dupla proeza de justificar o sujeito em sua existência e de tornar o Outro e o sujeito, ambos, consistentes. O neurótico aí é carente. Sua falta-a-ser e o sentimento correlato de estar sempre a mais ou sempre a menos, nunca na justa medida, fazem da sua existência uma existência derrisória, sem razão, não justificada.[13] Como sua resposta é não toda e comporta alguma incerteza, o Outro aí não tem sua existência assegurada. É preciso fazê-lo existir, amando-o/odiando-o ou temendo-o, constituindo-o como devedor ou como credor, tornando-se vítima ou culpado, tudo isso fazendo-se acompanhar de alguma incerteza, de uma certa vacilação.

A fantasia delirante, no entanto, não é toda suficiência. Por seu lado, ela também engendra carência: carência de inconsciente.

Justamente por ser um saber todo, sem brechas, todo certeza e sempre à mão, a fantasia delirante produz um sujeito destituído de inconsciente, posto que o inconsciente se define por ser um saber não todo, lacunar, equívoco e vedado ao sujeito.

Sujeito psicótico destituído de inconsciente quer dizer que lhe falta essa forma especial de saber, saber não sabido, saber inconsciente. Aqui o saber sem brechas, sem intervalo, confunde-se com a verdade — uma verdade não ficcional, avessa a toda mentira, tão inteira e compacta quanto o saber, verdade toda. Não havendo, portanto, qualquer brecha no saber, não se cava o lugar da verdade, a verdade capaz de dar testemunho do inconsciente: uma verdade fugaz que sempre surge de viés, que fala mas não diz tudo e que não exclui a mentira, mentira que se diz justamente em seu nome.

Sujeito psicótico destituído de inconsciente quer dizer que ele é dotado de ouvidos que ouvem: ouvidos abertos, sensíveis ao mais alto grau; ele não sofre dessa forma especial de surdez que permite ao neurótico usufruir do silêncio malgrado o barulho ensandecido da linguagem. Por ser dotado de rara sensatez, falta ao psicótico a debilidade necessária para ignorar a doença que atinge a todos nós, neuróticos: a palavra câncer, a palavra parasito, e o constrangedor fato da imposição de palavras. É Lacan que nos interroga: "Como não sentimos todos que as palavras das quais dependemos nos são, de algum modo, impostas? [...] Por que é que um homem normal, dito normal, não se apercebe de que a palavra é um parasito? Que a palavra é a forma de câncer que aflige o ser humano?".[14]

O estilo de saber inventado pelos sujeitos e constitutivo de suas fantasias define-os, distingue-os e indica o lugar que cada um ocupa na estrutura.

O saber neurótico organiza-se na trilha de uma filiação ao Outro. O neurótico inventa o Pai como sujeito suposto saber, acolhe o saber suposto ao Pai como herança e faz disso coisa sua. Seu saber tem um norte, obedece à regra, dobra-se à batuta do mestre, caminha no mesmo passo, dança conforme a dança de todo mundo.[15] É um saber padrão, enraizado no senso comum e orientado pela norma fálica. Tudo gira em torno de um valor consensual: o objeto do desejo do Outro. Em torno desse objeto, o neurótico constrói seu saber, um

Anexos

saber novelesco, verdadeiro romance, romance familiar, em cujas tramas se tece sua existência. Uma das particularidades desse saber é que ele não satisfaz. O neurótico quer sempre mais e mais. É que, ao experimentar esse saber como não todo e contraditório, o neurótico resiste a deduzir um impossível de saber, resiste a concluir pela castração. Trapaceia, quer enganar-se, obstina-se em transformar impossibilidade em proibição e impotência. Teima em acreditar que esse saber incompleto e inconsistente assim o é por interdição paterna e/ou por insuficiência do sujeito, mas que, um dia, deixará de sê-lo. Apega-se a uma tal esperança, esperança de todo vã, como se fosse seu melhor bem. Daí sua insistente demanda de saber, verdadeira inocência — "O neurótico é um inocente: ele quer saber"[16] —, e sua característica propensão a fazer do Outro o sujeito suposto saber.

O saber psicótico organiza-se na ausência de qualquer filiação ou linhagem. Desalinhado, errante, sem pai, pai de si mesmo — "Sou meu filho, meu pai, minha mãe [...], não creio nem em pai/ nem em mãe/ não tenho/ papai-mamãe"[17] —, o psicótico inventa, sozinho, um saber. Um saber original — relativo à origem e inédito —, avesso ao consenso, inusitado. Mesmo quando seu conteúdo parece ordinário — é o caso dos delírios de ciúme —, é de outra coisa que se trata. Aqui, trata-se de certeza, ainda que dúvidas não estejam necessariamente excluídas. Assim como o neurótico pode experimentar alguma certeza, o sujeito psicótico é capaz de duvidar. Toda diferença reside no fundamento: na neurose, o fundamento é a dúvida, enquanto na psicose, é a certeza. É a certeza que faz do saber delirante um saber suficiente. Suficiente, compacto, sem falha e certo. Uma tal certeza que advém ao psicótico como intuição, como uma experiência imediata do real, é a marca registrada que singulariza seu saber.

A certeza delirante suspende a vacilação do sujeito alienado, esgarçado, entre um significante e outro, e assim sutura sua divisão. No delírio, o sujeito se identifica aos significantes de sua certeza, que operam em bloco, como se fossem um só, significantes reduzidos à letra, S_1 isolado. Identificado ao S_1 e excluindo sua divisão, o psicótico faz-se mestre, mestre da cidade do discurso.[18] Essa posição de domínio, de mestria, é conquistada através da elaboração de saber, saber que serve aí para o sujeito se defender de uma presença excessiva: a presença do Outro.

O Outro é o inconsciente, a linguagem, a máquina significante. Malgrado ser a estrutura da linguagem mero lugar onde a fala se articula, o Outro é vivido pelo sujeito — neurótico ou psicótico — na dimensão imaginária em que é subjetivado, toma corpo e aparece como uma das figuras centrais da fantasia. Entretanto, apesar de imiscuir-se, de ocupar espaço na vida do sujeito e sobredeterminar sua perspectiva na existência, o Outro costuma ser imperceptível. Imperceptível, silencioso, despojado de gozo, o Outro age na surdina, aparece de modo fugaz nos tropeços do discurso, disfarçado na cena do sonho, nos esquecimentos, enganos e situações equívocas da vida cotidiana.

Na psicose o Outro é diferente. Ostensivo, constrange o sujeito com sua presença maciça, inundante e opressora. Presença de ameaça e perigo, o Outro se faz perceber e, em especial, se faz ouvir. Deixa de ser quieto e mudo e passa a se mexer, a fazer barulho: fala, grita, impõe sua voz, interpela o sujeito. Acossa-o com observações e comentários de seus

Anexos

pensamentos, palavras e atos; decreta ordens, juízos e condenações; brada injúrias que aviltam o sujeito em seu ser e, eis o pior, goza. Na psicose, o Outro goza do sujeito, do espírito ou do corpo do sujeito.

O Outro goza do espírito do sujeito, isto é, dos seus valores, dos seus ideais. Aqui o Outro se compraz em ironizar, tornar ridículo o sistema de pensamento, conspurcar o ideário moral, alicerces fundamentais que sustentam o sujeito em sua existência. E, fazendo valer Sua maldade, usufrui do trabalho infame de minar e arruinar esse edifício, essa construção, verdadeiro ensaio de rigor ao qual o sujeito costuma dedicar uma vida. As queixas de insultos, provocações e ofensas são o cotidiano da clínica das psicoses. O Outro ultraja e, com injúrias, avilta o sujeito no mais íntimo de seu ser.

O Outro goza também do corpo do sujeito, corpo e sujeito reduzidos a objeto para servir, para se prestar aos abusos do Outro. O Outro, em seu gozo, é devastador: entra pelos buracos do corpo, contamina sangue, ossos e órgãos, arruína o elã vital, cola-se à pele do sujeito, não conhece limites.

Gozo do espírito ou do corpo do sujeito, nessas duas modalidades de gozo trata-se de uma só e mesma coisa: o Outro quer gozar. O Outro, em sua maldade, quer apropriar-se, demolir, despedaçar, reduzir a pó o sujeito degradado em objeto, dejeto. Um paciente, às voltas com seu delírio, no qual ocupava a condição de mendigo, chegou arrasado à sessão: "Não estou aguentando ficar em pé, cabeça alta… Estou esmola". O Outro quer gozar, e "gozar é gozar de um corpo. É abraçá-lo, apertá-lo, despedaçá-lo. Em direito, ter o gozo de alguma coisa é justamente isso: é poder tratar alguma coisa como um corpo, quer dizer, demoli-lo".[19] Despedaçar, deixar em frangalhos, essa é a condição de gozar.[20] Que isso se faça com o corpo ou o espírito, é o mesmo. É o mesmo gozo, é o mesmo abuso, é a mesma maldade do Outro sobre a qual o psicótico não se engana.

O psicótico não se engana e por isso mesmo defende-se da maldade do Outro. Face a essa maldade, gozo tão devastador, o sujeito reage. Se não sucumbe, se insiste em viver, se não rompe radicalmente com o discurso, o sujeito resiste, protege-se e, às vezes, até mesmo ataca para se defender.

O gozo do Outro está intimamente ligado à questão do saber. O saber todo do lado do Outro é um dos nomes de Seu gozo. *Todo saber do lado do Outro, nada de saber do lado do sujeito*, eis a fórmula que define o gozo do Outro e a precariedade absoluta do sujeito, condição contra a qual um sujeito não pode fazer outra coisa a não ser se defender. Defender-se aí implica, para o psicótico, inventar um saber, saber que, do lado do sujeito, é uma barreira efetiva contra o gozo. De posse do saber, o sujeito tece uma trama de ideias, juízos e opiniões, não raro com uma lógica interna impecável, tal qual um sistema de pensamento, verdadeira trincheira contra o Outro em sua ambição totalitária de saber e gozo. Construir um sistema, fundar uma doutrina, criar uma nova língua, tudo isso efetivando-se no registro da consciência, eis o que faz o psicótico em seu afã, dura tarefa de sobreviver à maldade do Outro.

É o que faz Wolfson, "o estudante de línguas esquizofrênico", como se autointitulava. Ele tem "alergia à língua materna", o inglês. Sua língua materna lhe faz mal. Ao ouvir palavras inglesas é tomado por dor, culpa e agonia. E sua mãe, que insiste em falar-lhe, e falar-lhe em inglês, "o idioma doloroso", encarna esse Outro terrível e triunfante, sempre prestes

Anexos 133

a irromper a qualquer momento, sempre pronto a invadi-lo, perturbá-lo, penetrá-lo. Conta-nos Wolfson, em seu livro *Le Schizo et les langues*, que sua mãe o seguia, chegava a seu lado e lhe dizia

> alguma coisa bem inútil, naturalmente em inglês, parecendo tão cheia de uma espécie de alegria macabra por essa boa oportunidade de injetar, de algum modo, as palavras que saíam de sua boca nos ouvidos de seu filho, seu único filho — ou, como ela lhe dissera, de vez em quando, sua única posse —, parecendo tão feliz por fazer vibrar o tímpano dessa única posse, e por consequência os ossinhos do ouvido médio da dita posse, seu filho, em uníssono quase exato com suas cordas vocais, e a despeito de que ele as tivesse.[21]

Para defender-se desse horror, Wolfson se faz um exímio tradutor, verdadeira máquina de traduzir, transpondo, "o mais rápido possível", palavras e frases em inglês para outra língua, ou para várias outras línguas ao mesmo tempo, preservando-lhes o sentido e, parcialmente, o som. Wolfson quer destruir a língua materna, esse Outro nocivo em seu gozo, e ao mesmo tempo construir, fabricar uma nova língua, com o concurso de várias línguas estrangeiras.

Não poucos psicóticos inventam uma nova ortografia, uma outra escrita de uma mesma língua, visando modificar seu sistema fonético. A língua, e em especial a língua falada, é esse Outro cheio de poder que deixa em nós suas marcas, determina e cristaliza nossos sintomas. O modo singular como ouvimos as primeiras palavras inscreve traços, linhas e notas de uma partitura, composição em que se lê o texto de nossas fantasias, sonhos e sintomas, e em que se desenha a trama de nossos destinos.[22] Modificar a língua, sua escrita e fonética, é exercer uma importante parcela de poder, é apropriar-se de uma cota de saber e, nesse ato, opor-se ativamente ao totalitarismo do Outro. "Todo saber do lado do Outro, nenhum saber do lado do sujeito", essa fórmula, dizíamos, é um dos nomes do gozo do Outro. Portanto, nada melhor para o sujeito que fazer-se agente de um saber ativo, criar por fora dos livros,[23] inventar um saber sobre a língua e, assim, barrar o Outro em sua maldade, em seu gozo.

O Outro subjetivado como a encarnação do mal é o mal necessário. O sujeito de fato — sujeito antes da existência, "polo de atributos" do Outro[24] —, para tornar-se sujeito de direito, aquele que se apropria desses atributos, é constrangido a inventar um Outro assim, cheio de poder e impiedoso. Inventar um Outro assim é um constrangimento primário que incide sobre todo sujeito. Tal situação constrangedora se amaina se o sujeito não tem consciência, é inocente da maldade do Outro, caso do neurótico; mas torna-se trágica para quem a maldade do Outro é não apenas consciente mas também visível, audível, sensível — caso do psicótico.

O Outro é o mal necessário sem o qual não haveria nem sujeito, nem sexuação, nem sexualidade. O Outro é esse mal necessário a partir de onde o sujeito experimenta dor e delícia, delícia e delírio.

É no enlace do sujeito com o Outro que a sexualidade se constitui. A sexualidade implica o sujeito e o Outro na produção de uma atividade — atividade pulsional — levada a efeito pelo sujeito e ordenada, regulada, pelo Outro. Do lado do sujeito essa atividade gira em torno da busca de um objeto para

Anexos 135

substituir sua perda inaugural: perda de vida e de gozo sem a qual nenhum sujeito sexuado poderia emergir do real. Do lado do Outro, o que se encontra são os ideais — ideais do Outro —, as estruturas elementares de parentesco e a metáfora paterna como princípio de separação, vias pelas quais são transmitidas a ordem e a norma, que indicam ao sujeito o que ele deve fazer como homem ou como mulher.[25]

Uma palavra exige ser dita a propósito da separação, princípio da metáfora paterna.

A metáfora paterna, como princípio de separação, é separação face ao Outro do gozo — Outro sem barra, onisciente e onipotente —, quer dizer, possibilidade de o sujeito encontrar aí um furo, um ponto de não saber, uma impotência e, mais radicalmente, uma impossibilidade.

A esse que tudo saberia, esse a quem não faltaria nada, a "metáfora do pai"[26] vem colocar um princípio de limitação. Ela propicia ao sujeito um saber, fundado no mito de Édipo, que lhe revela a falta no Outro e lhe permite situar-se na partilha dos sexos como alguém capaz de fazer face às exigências próprias do jogo de cena — comédia, drama ou tragédia — que se desenrola aí. Ao saber que ao Outro falta algo, o sujeito aprende também que lhe cabe ser ou ter esse algo, esse objeto. Esse objeto é o falo. Ser o falo, logo se descobre, é impossível. Pois o sujeito identificado ao falo corre o risco de aniquilar-se, de não ser nada, quando essa identificação vacila. O ser não deixa outra alternativa: a única alternativa ao ser é não ser. Assim, resta ao sujeito ter ou não ter, ou fazer de conta, fingir, que tem ou que é o falo. A partilha dos sexos se organiza toda aí, numa dialética que gira em torno do *ter* e do *não ter*, o homem sendo definido como aquele que tem e a mulher, como aquela que não é sem ter. Homens e mulheres, ao consentirem nessa definição, tomam posse das credenciais necessárias, ainda que não suficientes, para tornarem-se capazes de agir como devem agir: eles, para serem confirmados e reconhecidos como homens; elas, para serem confirmadas e reconhecidas como mulheres.

Tornar-se homem ou tornar-se mulher não é tarefa fácil, seja o sujeito neurótico ou psicótico. Mesmo quando a metáfora do pai opera como princípio de separação e possibilita ao sujeito identificar-se com o tipo ideal de seu sexo — caso do neurótico —, não é raro haver dificuldades, mais ou menos significativas, na consecução desse mister.

Quando se trata de sujeitos em que a metáfora paterna não age — caso do psicótico —, separar-se do Outro gozador e tornar-se homem ou mulher é trabalho árduo e contínuo, exigindo uma aplicação e um empenho enormes, quase exorbitantes, por parte do sujeito. Aqui, separar-se é rigorosamente engendrar-se a si mesmo: ser o sujeito seu próprio pai, isto é, na ausência de transmissão, inventar, ele mesmo, um saber. Inventar um saber sobre as origens, o sexo e a morte. Por não haver transmissão de saber, não se aprende como identificar-se com o tipo ideal de seu sexo, ignora-se como fazer face às exigências do parceiro no encontro sexual ou como responder aos requisitos da paternidade e da maternidade. Assim sendo, não resta ao sujeito outra saída senão inventar. A invenção desse saber é o delírio, essa obra de engenharia sem a qual o sujeito psicótico, desabonado de metáfora paterna, não poderia sustentar-se na existência.

A vida do sujeito psicótico não é fácil. Não são poucos os impasses que ele testemunha, especialmente em seu encontro

Anexos   137

e em suas relações com o parceiro sexual. É que esse encontro
põe à prova sua identidade sexual ao mesmo tempo que o con-
fronta com a diferença dos sexos e com o mistério do Outro.
A diferença dos sexos é diferença sem complementaridade, o
Outro sexuado é outro sem parentesco com o mesmo, sem
medida comum com o semelhante. A rigor não se poderia falar
aqui de *outro sexo*, mas sim de encontro com o *sexo Outro*. Esse
encontro é difícil para todo sujeito, seja ele psicótico ou não.
A dificuldade advém do fato de que o sexo Outro não tem positividade: não é um tipo, não tem caracteres distintivos, dele
não existe exemplar, modelo. Desse sexo Outro, cujo nome é
feminino, não há referências simbólicas. O feminino, nome próprio da alteridade, só se define pelo negativo, pela diferença: é
o furo, o castrado, o não todo fálico.

As relações eróticas colocam todo sujeito, seja ele um homem ou uma mulher, frente a frente com o que se furta, com
o que se esconde, com o que escapa, com o que resiste ao saber,
com o mistério. No encontro sexual vigora a diferença, uma
diferença que se presentifica e que se dramatiza na disparidade
de gozo: gozo fálico do lado do sujeito que se inscreve na posição masculina e, do lado do sujeito que se inscreve na posição
feminina, gozo fálico e mais um outro gozo, suplementar, do
qual se usufrui mas não se sabe dizer nada. Essa diferença é
marcada a ponto de parecer a Lacan, e não só a ele, que "o
homem e a mulher não têm juntos [...] nada a ver".[27] O poeta
também pensa haver algo intransponível entre eles: "Entre o
homem e a mulher,/ Há o amor./ Entre o homem e o amor,/
Há um mundo./ Entre o homem e o mundo,/ Há um muro".[28]

Esse intransponível, essa espécie de exílio destinado a homens e mulheres, é isso o que se enuncia no aforismo de La-

can, extraído dos ditos de Freud: "Não há relação sexual".[29] *Não há relação sexual* quer dizer que não há medida comum entre a lógica do universal (lógica fálica, masculina) e a lógica do não todo (lógica do feminino).

Que não haja relação sexual não quer dizer ausência de relação com o sexo.[30] Fato cotidiano e ordinário, os sexos se relacionam não entre si, mas em referência ao falo. Imaginado como objeto do desejo do Outro, objeto precioso que cada parceiro supõe, ou faz de conta, ter ou ser, o falo é esse significante que permite aos sujeitos paliar, suprir, a ausência de relação sexual. Eis aí a função do semblante fálico: através de uma articulação simbólico-imaginária, opor-se ao real da não relação sexual, "fazer acreditar que há alguma coisa aí onde não há".[31]

O semblante fálico, na contramão do real, engendra sentido. É esse sentido que sustenta o jogo erótico encenado por homens e mulheres. Nesse cenário, laços e relações se estabelecem, centrados em torno de *ter* e *ser* o falo: laços de amor e desejo, marcados por signos mentirosos, onde cada personagem, querendo parecer o que não é — para proteger um suposto ter (postura masculina) ou para mascarar o não ter (postura feminina) —, encena seu papel nesse jogo que, trágico ou dramático, não deixa de ter sua graça e que mais parece uma comédia, a comédia dos sexos.

O falo, enquanto semblante, exerce a função de álibi. Um álibi fundamental que defende o sujeito da angústia desconcertante da qual não poucos orgasmos se fazem acompanhar. E, se um ou outro a ela escapa, se momentos de paz e de contentamento não são impossíveis aos casais, é justamente graças ao semblante fálico, em sua função de álibi.[32]

Anexos   139

No entanto, há sujeitos para os quais o semblante fálico não opera. Nestes, o real da não relação sexual ou aparece em sua rudez nua, inundando o sujeito em lençóis de angústia, ou é vestido pelos paramentos de um imaginário descoordenado da significação fálica.

Ella, em sua deriva, vagando ao sabor dos acasos dos encontros, é testemunha da carência de sentido, marca própria da não relação sexual: "Eu vou pra cama com os homens, muitos, transo, faço tudo, mas não sei nada de sexo". Ou André, 27 anos, e ainda virgem: "Queria ter uma transa com alguém, homem ou mulher, mas não sei como fazer... Não tenho coragem, não sei como se faz... Vamos supor que você não saiba nada de aviação: você ia sair por aí pilotando avião?".

Quando conseguem construir um semblante de saber e uma significação que cobrem a nudez do real, os psicóticos o fazem sem recurso à significação fálica, significação sexual compartilhada, evidência natural, senso comum banal e necessário, sem o qual não poderíamos nos inserir, senão com graves danos, na trama discursiva e nos laços sociais.

A castração, *não há relação sexual*, assim como o sol e a morte, não pode ser vista de frente.[33] É por isso que o sujeito psicótico não pode se sustentar na existência sem o recurso de algo que venha suprir essa relação que não há, sem o socorro de algo que faça as vezes de semblante fálico.

Depois da experiência de fim de mundo, em que todo sentido parece desertar, o sujeito se vê diante de uma alternativa e de uma escolha: aniquilar-se ou reconstruir seu mundo.

Aniquilar-se é o que se chama empuxo-à-morte, uma tendência sombria e grave sempre presente na psicose. É o caminho do abismo. Em suas várias figuras, o abismo, a morte ronda, seduz e atrai o sujeito. Uma dessas figuras é a inércia, o desânimo, a falta de elã vital, isso que mina e arruína a vida de tantos psicóticos e faz com que se arrastem como zumbis, espécie de mortos-vivos, a vagar na existência. O caminho do abismo no qual não poucos psicóticos se precipitam às vezes os conduz a um fim trágico, no qual realizam a resposta ao furo do Outro. "Ele quer meu mal" atualiza-se literalmente em "Ele quer minha perda". "Ele quer meu mal", "ele quer minha perda", presentifica-se em ato: um ato extremo, absoluto, sem resto, sem volta. Entretanto, às vezes, uma confluência de acasos felizes impede o pior, e, no lugar do ato, uma fala se articula, permitindo-nos ouvir, de nossos psicóticos, relatos de rara gravidade e beleza. É o que nos oferece Marcos, ao sair de um episódio catatônico: "O ar está parado, as árvores não dão flores, as mulheres grávidas não têm filhos, para que a vida continue é preciso que eu morra".

Reconstruir seu mundo é o trabalho de elaboração do delírio, delírio definido aqui como um corpo de saber e significações não vinculado à metáfora paterna nem à significação fálica. É que o delírio concerne à metáfora e à significação, sim, mas à metáfora e à significação delirantes, isto é, aquelas cujo compromisso é com a castração mas não com o Édipo. Os temas referidos à metáfora e à significação delirantes são os temas de todos nós, neuróticos e psicóticos: origem, sexo e morte. A diferença é que, na psicose, esses temas não se submetem à grade edípica, e, portanto, não necessariamente se desenvolvem, se explicam, de acordo com o senso comum e com o bom senso. O delírio é a "solução elegante" de que nos fala Lacan,[34] na qual as palavras, num recurso de estilo, transformam o caos significante, turbilhão sonoro de signos

Anexos   141

vazios de sentido, num mundo ordenado por uma nova significação.

No campo erótico, o delírio príncipe é o erotomaníaco, delírio que se organiza em torno de um postulado fundamental: o de ser amado pelo Outro. Aqui tudo gira em volta do amor-paixão, amor louco, platônico ou não, que, em seu desvario, faz a relação sexual existir. A esperança é o *phatos* inexpugnável ao qual o sujeito se agarra e resiste, contra tudo e contra todos. Mesmo quando o objeto age de modo a decepcioná-lo, mesmo quando o sujeito crê odiá-lo, ainda assim a esperança subsiste, esperança, em última instância, de haver relação sexual.

Outros psicóticos respondem aos impasses da sexualidade tentando suprimi-la. Não é raro encontrar-se, nesses sujeitos, ideias e atitudes determinadas pela vontade de purificação, o sexo sendo considerado como mácula, queda, pecado. "Eu desprezo como aviltantes todas as relações sexuais, quaisquer que sejam, e é ofender-me gravemente crer que o corpo que eu tenho possa se entregar a isso em qualquer momento de sua vida."[35] É Artaud, em seu libelo contra o sexo. Ele prossegue:

A queda de Adão, a tara original, foi a queda no sexo [...]. Antes da queda de Adão, os seres não conheciam essa atração sórdida que nos faz confundir os elãs do coração com os do sexo, e que faz com que não se possa ter uma emoção generosa, desinteressada e sublime sem que um tremor sexual aí se misture. Eis aí um crime absurdo — o que ligou essas duas coisas hostis, o coração e a sexualidade.[36]

Ou ainda Daniel: "Sentimento papal. Vida sem sexo! O papa não faz sexo. Fiquei mais tranquilo, até alegre, quando saquei isso".

Um fato corrente, quase universal na clínica, é a temática homossexual, sobretudo em psicóticos do sexo masculino. Os pacientes se queixam de serem objeto de interesse sexual de outros homens, alvo de chacotas e acusações, motivo de avaliações injustas e pensamentos depreciativos a propósito de suas ações. Injúrias de toda ordem atingem sua honra, e a incriminação maior é a de ser homossexual. Tal estado de coisas parece advir de uma frouxa inserção na partilha dos sexos e da consequente fragilidade da identificação fálica, inserção e identificação que só adquirem consistência quando determinadas pela metáfora do pai, metáfora esta ausente na psicose. Olhares, vozes, gestos, atitudes do Outro, tudo vem corroborar a suspeita e logo a certeza de que o sujeito está sendo atacado, acusado de "bicha", "veado", "mulherzinha". Rubens é alvo de tais ataques, vindos até mesmo de objetos inanimados:

Os objetos falam... Quando tá tudo bem, "meu querido", e quando não, "veado, veado!". Eu ando na rua, aí vejo letras saírem da boca das pessoas e formarem as palavras: *veado, veado*... Os caras querem me sacanear, "sou teu, sou teu" (eles dizem). Eu não sou de ninguém, ninguém é meu!

Mais além de sua subjetivação operada por neuróticos e psicóticos, o Outro, dizíamos, é o inconsciente, a linguagem, a máquina significante. Neuróticos e psicóticos diferenciam-se quanto ao modo de operar a máquina significante, o neurótico especificando-se pelo uso do significante enquanto tal e o psicótico singularizando-se por um movimento de redução da ordem significante à ordem da letra.

Usar o significante enquanto tal é fazê-lo não para significar algo, mas para não significar nada — nada de específico,

Anexos 143

previamente determinado. Sabe-se que o significante se define por ser apenas relação de diferença, o que implica ausência de positividade, ausência de qualidade, ausência, portanto, de significação e, por isso mesmo, capacidade de gerar, a todo momento, significações diversas.[37]

Usar o significante enquanto tal é servir-se da equivocidade significante, equivocidade suscitada pela homofonia das palavras, pelas várias possibilidades de pontuação da frase, pelos diversos arranjos sintáticos e pelos diferentes recursos de escansão. Servir-se da equivocidade significante é manejar o significante em sua paradoxal polissemia e ausência de sentido, isto é, transitar entre um sentido e outro, fazer-se representar aí, sempre no intervalo, *entre*, sem se deixar colar, petrificar, nem a um nem a outro.

A letra é diferente. Ela é idêntica a si mesma, e, ainda que possa entrar em relação, ela também é capaz de não o fazer, pode bastar-se a si mesma e funcionar isolada, independente de outras letras, numa identidade consigo mesma. É assim que a letra pode adquirir uma significação fixa, recusando-se a qualquer uso metafórico ou metonímico, negando-se a criar novas significações.

Reduzir a ordem significante à ordem da letra é o que faz Daniel. Em seu sistema delirante existe uma palavra, "ponto", que ocupa um lugar de destaque. Quando ouvida, qualquer que seja o contexto, ela suscita uma reação persecutória. *Ponto* encerra uma significação fixa: obscenidade. É verdadeira injúria, serve para seus perseguidores, "os caras", lhe acusarem de ser devasso, sujo, torpe, em suma, de *fazer ponto*. Daniel não desconhece que *ponto* tenha outras significações, significações triviais, próprias ao senso comum, partilhadas por todos em condições ordinárias, condições às quais ele nem sempre pode se furtar. Assim é que, um dia, estando num ônibus, ouviu o motorista responder a um passageiro: "Só paro no ponto". Daniel, nesse dia, chega à sessão irritado e vai logo dizendo: "Estou chateado... Sei que o motorista falou ponto de ônibus, mas estou chateado". Nesse dia, ao final da sessão, ocorre-me a fórmula: "Vamos ficar nesse ponto". E ele, que já não estava mais chateado, sorriu e disse, brincando e a sério: "*Ponto* não!". Vê-se neste exemplo que o paciente, apesar de ter acesso aos vários significados correlatos ao significante, opera na ordem da letra, constrangido a uma literalidade estrita. É que a letra, em sua identidade a si mesma, promove um sentido fixo, petrificado, do qual o sujeito é servo. A letra, a dimensão literal, a ocupar o primeiro plano, é isso que vemos funcionar aí.

O sujeito psicótico pode, ainda, testemunhar outros fenômenos que falam de sua peculiar relação com o Outro da fala e da linguagem. Há momentos em que os significantes não fazem cadeia, a capitonagem não opera, o sentido não se organiza e o sujeito se vê perdido num turbilhão de palavras que não significam nada. É o que nos diz Vera: "As palavras estão entrando umas nas outras... As ideias, as palavras, fornicam na minha cabeça". E Ivan: "Eu ouvia 'Banana', 'Banana', e não compreendia... Sabia que era alimentação, mas não compreendia". Ou, ainda, Emílio: "Eu sei o sentido das palavras, o que elas querem dizer, eu sei o antônimo das palavras, mas não sei o que fazer com isso".

O Outro, a estrutura significante, comporta um vazio designado, na teoria, como objeto *a*, objeto que "não é nenhum ser, [mas apenas] aquilo que supõe de vazio um pedido".[38] Subjetivado, o objeto ganha consistência de ser, vindo justamente no

Anexos

lugar do vazio, positivando o nada, substituindo a referência que falta. Em sua dimensão real, ele é causa, objeto causa de desejo, esse nada que determina, move, comanda e "faz a miséria do sujeito".[39] Tomado nos planos simbólico e imaginário, feito semblante, ele se torna objeto visado pelo desejo, objeto meta, alvo da tendência, e se destina, na fantasia, a completar imaginariamente a falta de ser que é o sujeito. Neuróticos e psicóticos relacionam-se com o objeto do Outro de modo distinto.

Para o neurótico, o objeto é semblante, isso que nos faz acreditar haver alguma coisa no lugar onde não há nada. Ali onde não há nada, ponto em que emerge a verdade da não relação sexual, o objeto se oferece como suplência à relação que não há. Comumente é o parceiro, o par no jogo erótico, quem ocupa esse lugar.

Do lado das mulheres, ou melhor, dos falantes em posição feminina, o objeto é visado como aquilo que completaria o sujeito, aquilo que viria estancar sua falta-a-ser, aquilo que responderia sua demanda de ser. Aqui tudo gira em torno do amor, esse laço social capaz, como poucos, de fazer o Outro existir e o sujeito consistir. Nessa circunstância, o parceiro é o objeto de amor, objeto de onde vem o amor, amor que faz o sujeito *ser*, ser alguma coisa, ser algo para alguém, existir, ganhar consistência.

Do lado dos homens, diga-se, dos falantes em posição masculina, o objeto serve para gozar. O parceiro aqui é tomado não como um todo, caso do objeto amoroso, mas em partes, em pequenos pedaços, pois não há outra forma de gozar de um corpo. Aqui o que conta, aquilo de que se usufrui, são pequenos detalhes, nuanças, fragmentos, filigranas. O objeto é o *mais-de-gozar*, uma sobra, um resquício de gozo, isso que sobra para o sujeito depois do esvaziamento operado pela castração.

Não só o parceiro, tomado enquanto parte, mas a criança, sobretudo em seus primeiros tempos de existência, pode ser vista como objeto. É o que se passa com não poucas mães: a criança é tomada como objeto, pequena coisa separada de seus corpos, que realiza, torna real, a presença do objeto *a* na fantasia. Numa relação dual e imediata com a criança, relação fantasmática em estado bruto, a mãe retira desse objeto um gozo raro e, talvez, só a elas acessível.[40]

Para o psicótico o objeto costuma gozar de uma excessiva proximidade que, não raro, faz coexistir, sem separação, sujeito e objeto. Nas alucinações verbais, tão características das psicoses esquizofrênicas, realiza-se a fusão de sujeito e objeto, implicados numa relação de imanência.[41] Assim como a voz, o olhar, como objeto *a*, entra numa relação de imanência e identidade com o sujeito. A paciente que se queixa de ser vista não apenas fala de sua condição de sujeito passivo, afetado pelo olhar do Outro, mas também revela "o fato de ser uma vista como se diz *a vista da paisagem*, aquela que é tomada aí como objeto sobre um cartão-postal".[42]

Não só nas alucinações: também nos delírios essa superposição sujeito-objeto ocorre, e constata-se, nesse fenômeno, uma forma de identificação. Ney, paranoico, paradigma de normalidade, quase invariavelmente começa sua sessão dizendo-me das manipulações que sofre. Na vida amorosa, na vida social e especialmente no trabalho, ele é objeto de intenções obscuras, difíceis de decodificar. Para seu bem ou para seu mal, para protegê-lo ou para atacá-lo, passa-se algo que lhe concerne, mas não sabe o quê. Passa-se algo que lhe diz respeito mas do qual está excluído, posto à margem, banido. Objeto de obser-

Anexos 147

vação ou de escárnio, sente-se testado, provado, usado, "um instrumento".

Ouvimos através de Ney a fala de um sujeito que nos relata uma vivência na qual se experimenta, como objeto, uma experiência dura e cotidiana, secreta e extraordinária, coexistindo lado a lado com o desenrolar ordinário de sua vida.

Quando aparece destacado na experiência do psicótico, o objeto se faz notar como uma presença bem viva, exterior e invasiva, que constrange e acaba por perseguir o sujeito. A voz e o olhar, objetos referidos ao desejo do Outro, operam não enquanto tais, mas sim como objetos de demanda, uma demanda tirânica e imperativa, signo da onipotência do Outro, impondo ao sujeito injunções às quais ele não pode se furtar. É frequente o paciente queixar-se de vozes percebidas como gritos, determinações paradoxais, impossíveis de serem cumpridas ou desobedecidas, ordens que exasperam o sujeito, lançando-o no desespero e precipitando-o em passagens ao ato. É o caso do paciente que sangrou o corpo quase todo com pequenos cortes superficiais e, passado o surto, revelou a seu médico: "Eles queriam que eu me jogasse pela janela... Fiz isso pra eles pararem de gritar".

O sujeito psicótico pode, ainda, experimentar a presença do objeto como objeto total, pleno, ideal, objeto que ama o sujeito. Diferente do neurótico em posição feminina, aqui o sujeito não precisa entrar no jogo amoroso, naquela tapeação em que é preciso amar antes para, depois, ser amado. Aqui o objeto ama primeiro. A princípio ama sozinho ou bem mais que o sujeito. É assim que seduz, conquista, promete, cria esperança e paradoxalmente deixa o sujeito só, entregue ao despeito, ao rancor e às reivindicações. É a erotomania, delírio amoroso que culmina, quase sempre, em delírio de perseguição: o Objeto não passa de traidor das melhores esperanças do sujeito, ele é mau, "ele quer meu mal". Nesse momento, a erotomania pode seguir um curso que nos mostra, de novo, a fusão, a identificação sujeito-objeto: é quando o psicótico, objeto da perseguição, isto é, do abandono, volta-se contra o objeto e torna-se sujeito de uma investida persecutória, verdadeiro embate em torno do qual gira a existência do sujeito e de onde o objeto não costuma sair ileso.

Falamos do que há de comum entre neurose e psicose no plano do fenômeno: a experiência da psicose. Falamos do que há de comum entre elas no plano estrutural mínimo, estrutura stricto sensu: a castração, a irredutível incompletude e inconsistência da linguagem, o $S(\mathbb{A})$ matriz da estrutura quadripartite: S_1, S_2, a, $\mathbb{S}$. Falamos do que há de diferente no plano estrutural lato sensu, plano onde se delineiam novas faces dessa estrutura mínima: a fantasia. Resta-nos agora falar do que há de comum num último plano, plano onde se define e se diferenciam, de modo tão ficcional quanto fixo, as posições do sujeito na existência. Nesse plano, um ponto comum é a premissa de que o Outro existe, quer algo do sujeito, algo que o sujeito se sente constrangido a dar. O outro ponto comum é a fixidez com que neuróticos e psicóticos se agarram às suas posições na existência, ponto onde não poucos naufrágios acontecem na clínica.

Que sejam fixas, aferradas, as posições de neuróticos ou psicóticos, que o sujeito insista em não se mover e se obstine em permanecer o mesmo, nada disso deve desencorajar a nós, analistas. Fixo não quer dizer inabalável, e desejo e paciência, se não são remédios milagrosos a se prescrever ao analista, são o nosso melhor, capital inestimável para enfrentar adver-

Anexos

sidades, chuvas, ventos e tempestades com que convivemos na clínica.

A aposta da análise talvez deva ser pensada como um mais além de neurose e psicose. Mais além de neurose e psicose quer dizer sujeito responsável. Nesse ponto a análise assume sua dimensão ética, dimensão que a singulariza frente a qualquer forma de psicoterapia. É que, para a psicanálise, trata-se sempre de sujeito e de sujeito responsável, aquele do imperativo freudiano, que assume sua própria causalidade e responde por aquilo que o determina.[43]

Nenhum paciente mais do que o psicótico exige do analista uma posição ética. Uma ética concernente ao ato. Ato do analista, ato de se oferecer, de se prestar ao sujeito, para que um trabalho aconteça, um percurso se faça. Trabalho e percurso esses cuja meta é sempre a castração — isso que só o ato, só a responsabilidade de assumir um ato, nos faz experimentar. É que o ato sempre nos ultrapassa, e, ao nos ultrapassar, nos faz provar nosso limite, nos oferece a experiência do nada, experiência tão necessária para viver.

Ivan, que durante anos a fio trabalhou com rara aplicação em sua análise, disse-me um dia: "Os caras não vão parar nunca de me perseguir. Mas eu já sou tão sozinho... Já pensou se não fossem os caras?". E Ella: "Foi na época em que eu mais estava precisando de alguém que as vozes vieram". E, mais uma vez, Ivan, falando sobre sua vida, sua dor de existir: "É isso mesmo, cada um carrega sua cruz, cada um tem uma marca feroz dentro".

Vejo, nesses relatos, um movimento no qual se aceita a responsabilidade que concerne a cada sujeito. Vejo aí um ato, um gesto afirmativo, em que se assina, em que se assume como seu — como seu bem, sua companhia — aquilo que era o mal, o estranho, o intruso.

Vejo, nesses ditos, um movimento que transita do desespero à serenidade, da intolerância ao consentimento. Um movimento próprio àqueles que fizeram a experiência do nada, o nada que somos todos e cada um de nós. Fazer essa prova é essencial. Só a partir da experiência do nada o que nos acontece, tudo o que nos acontece, de melhor e de pior, pode ter dimensões normais, não precisando mais assumir as proporções dementes que caracterizam o exagero do desespero.[44]

Quem sabe, talvez, a psicanálise possa se oferecer como uma tal experiência ao sujeito, neurótico ou psicótico, que faz apelo ao analista. Se o sujeito o faz e o analista o acolhe, talvez um caminho se torne possível. Caminho que se faz ao caminhar, verdadeira travessia em que se constrói uma vida. Uma vida passível de ser vivida sem demasiado sofrimento, sem desnecessárias aflições — em poucas palavras, sem desespero. É isso que ouço na fala de Ivan: "Não preciso mais vir aqui mais de uma vez por semana... Dá pra levar... Já posso sofrer tranquilo".

Amor e morte na psicose

AMOR E MORTE, temas imemoriais sobre os quais já se debruçaram tantos — poetas, sábios, especialistas de toda ordem —, continuam a atiçar-nos, a instigar-nos; violentam-nos, obrigam-nos a pensar. Amor e morte são perguntas sem resposta, perguntas que não se contentam com nenhuma resposta, questões em estado puro, malgrado toda tentativa de solução. A palavra de Rilke continua de pé: "Quem examina a questão com seriedade acha que, como para a morte, que é difícil, também para o difícil amor não foi encontrada até hoje uma luz, uma solução, um aceno ou um caminho".[1] É por isso que estamos aqui, atiçados pelo amor e a morte como questões, incitados a falar, a buscar, se não uma solução, pelo menos um caminho.

Nesse caminho que se faz ao caminhar, caminho ao mesmo tempo duro e pantanoso, tão cheio de vaivéns e incertezas, uma coisa é certa: amor e morte são experiências próprias aos seres falantes. Refiro-me, é claro, não ao amor e à morte como fatos empíricos, acontecimentos que se imputam ou se constatam aos seres vivos, mas sim ao amor e à morte como fatos de discurso, fatos dos quais não se saberia nada sem a existência do significante, fatos que só existem no discurso e pelo discurso, fatos que se inscrevem nos laços sociais. Assim, do amor e da morte poderíamos dizer que são experiências de vínculo e ruptura dos laços sociais. Entre o mais estreito vínculo e a ruptura sem remédio habita o sujeito, mais do que nunca dividido. Vínculo e ruptura enfrentam-se num jogo tenso, perigoso, jogo de vida e morte, jogo de amor e morte, parceiros indissociáveis, sempre juntos, como bem o diz a palavra que nomeia o nosso encontro, *amorte*.

Amor e morte, dizíamos, são experiências próprias ao falante. De todo falante, acrescentemos. Dizer experiência de todo falante é dizer experiência de todo sujeito, qualquer que seja seu nome — neurótico ou psicótico —, qualquer que seja sua estrutura — neurose ou psicose.

Uma palavra deve ser dita sobre o que penso ser a psicose, a estrutura da psicose.

A estrutura psicótica é um constrangimento, ao mesmo tempo contingente e necessário, que fixa o sujeito numa determinada posição na existência, numa determinada relação com o Outro e seu objeto. E a fantasia é a estrutura privilegiada para se pensar a posição do sujeito na existência e em sua relação com o Outro e o objeto.

A fantasia psicótica, "fantasia delirante", no dizer de Freud,[2] é uma resposta decidida, inequívoca, toda plena de certeza à falta de sentido, ao silêncio, ao vazio do Outro. Para cobrir o horror provocado pelo vazio do Outro, todo sujeito procura véus. Contra o golpe do real traumático, todo sujeito busca defender-se. O psicótico também o faz, mas a diferença é que sua resposta, se por um lado o defende, por outro deixa-o desprotegido. Ao responder que o Outro é mau, que o Outro quer seu mal, o psicótico defende-se do vazio, da ausência de sentido provocada pelo silêncio perturbador do Outro. Mas, ao se aferrar a essa resposta como um saber completo, inequívoco, fora de dúvida, todo consciente e sem disfarces, o psicótico perde

Anexos

a proteção da ignorância, do semblante, do não saber, do não ouvir, do não sentir. O neurótico protege-se inventando um saber não sabido, saber inconsciente, que lhe permite conviver com um Outro imperceptível — imperceptível e invisível, silencioso, discreto, disfarçado. Diferente do psicótico, que tem ouvidos que ouvem, o neurótico sofre de uma providencial surdez que o defende de ouvir o barulho ensurdecedor da linguagem, esse barulho que se costuma chamar silêncio.

O psicótico é diferente: sentidos alerta, o Outro para ele é perceptível. Perceptível, ostensivo, constrange o sujeito com sua presença maciça e opressora. Fala, grita, interpela o sujeito. Faz comentários, julga, condena, decreta ordens. Brada injúrias que aviltam o ser do sujeito. E, pior que tudo, goza. Goza do espírito e do corpo do sujeito.

Diante de um Outro assim, mau e devastador, o sujeito reage ou morre. Se não sucumbe, se insiste em viver, se aceita desviar-se da morte, o sujeito se protege, procura defender-se. Diante de um Outro assim, é forçado a escolher entre aniquilar-se ou reconstruir seu mundo.

O primeiro caminho é o empuxo-à-morte, arremesso ao abismo. Em suas várias figuras, a morte, o abismo ronda, seduz e atrai o sujeito. Uma dessas figuras é a inércia, o desânimo, a falta de elã vital, isso que mina e arruína a vida de tantos psicóticos e faz com que se arrastem como zumbis, espécies de mortos-vivos, a vagar na existência. No empuxo-à-morte, o sujeito é tragado pela certeza de que o Outro não quer apenas seu mal, muito pior, o Outro quer sua perda. E essa certeza trágica pode precipitar o sujeito num ato extremo, sem resto, sem volta. É a vida interrompida num curto-circuito, o desvio cedendo lugar ao atalho, é o avanço intempestivo, a precipitação da morte.

O segundo caminho é o trabalho de reconstrução do mundo, trabalho feito de amor e ódio, trabalho de ligação, movimento de atar, desatar e reatar, trabalho de delírio. O delírio de perseguição, tão caro aos sujeitos psicóticos, é uma teia de amor e ódio, amor e ódio ao Outro, um Outro agora menos simplório, diferente de um Outro pura maldade. Um delírio de perseguição bem construído, um delírio de qualidade,[3] engendra um Outro ao mesmo tempo perseguidor e amigo. Um paciente, depois de muito trabalho de delírio e análise, dizia: "Os caras não vão parar nunca de me perseguir. Mas eu já sou tão sozinho... Já pensou se não fossem os caras?". É assim que "os caras", os perseguidores, se tornaram quase caros! E uma outra paciente: "Foi na época em que eu estava mais precisando de alguém que as vozes vieram".

O amor é motivo de controvérsias quando se trata de psicose.

Na experiência analítica, ele tem um nome solene, transferência, e causa celeuma a afirmação de que há amor, amor de transferência, na psicose.

De minha parte, afirmo haver transferência na psicose.

Pacientes psicóticos, muitas vezes, apelam ao analista. A partir desse apelo e da resposta que lhes é dada, um vínculo, um laço ou uma ligação pode se estabelecer. E esse vínculo é de caráter erótico. Erótico porque é ligação, e ligação tem a ver com *Eros*. Erótico porque se trata de amor, em suas mais distintas formas: amor-amizade, amor-paixão, *hainamoration*, *amódio*.

O amor-paixão, a erotomania, é a figura exasperada do amor de transferência na psicose. Amor louco, desmesurado, puro desvario. Diferente do amor neurótico, amor de tapeação —

que se oferece ao Outro com a promessa de amá-lo, buscando com isso ser amado —, diferente desse amor, na erotomania é o Outro que ama primeiro. Ama, seduz, extravia o sujeito de seu caminho e, por puro capricho, incompreensível capricho, o abandona. Abandona-o mas não deixa de amá-lo — o postulado fundamental da erotomania é: o *outro me ama* —, e, assim, continua a alimentar suas esperanças: esperanças de enamorado, esperanças de vir a se unir ao Outro, juntar-se a ele numa união total, na mais perfeita completude.

Há quem diga que erotomania não é amor, é delírio. É amor, sim. E é amor no que todo amor, todo amor nascido de Eros, é busca de totalização, tendência ao um, um da completude perdida, um da unidade quebrada. É certo que amor é busca, não é fusão; é incompletude, e não completude; e que a erotomania comporta um tempo em que a fusão e a completude se realizam. Isso é delírio, é certo, mas que amor, que amor-paixão não vive esse delírio? Por um tempo, mais ou menos fugaz, todo amor nascido de Eros vive esse delírio.

A erotomania é amor trágico. É amor em íntima parceria com a morte, *hainamoration, amódio, amorte*. Vivendo uma contradição insolúvel e um sofrimento impossível de suportar, o sujeito, em desespero, pode vir a buscar e encontrar a mutilação e até mesmo a morte, mutilação e morte tanto sua como do Outro, um Outro que não deixa de ser a imagem inflada, magnificada, de si mesmo.

A erotomania, uma das formas de transferência na psicose, é amor. Amor intempestivo, difícil de lidar, mas que não deixa ao analista outra escolha: acolher sem ceder. Acolher esse amor para fazê-lo falar, dizer a que veio, dar suas razões. Acolher esse amor para fazer o trabalho continuar, trabalho de análise, trabalho de delírio, trabalho de luto: luto da esperança, luto da decepção, luto do Outro como objeto de amor-paixão.

Há uma outra forma de amor de transferência na psicose: é uma simpatia, um gostar de conversar, um falar sem medo, uma disposição em confiar, em partilhar a experiência vivida, querer receber e retribuir ao outro, um outro tomado como semelhante. É o amor-amizade, isso que há de mais necessário para viver,[4] delicada afeição, um amor que não poucos psicóticos são capazes de sentir.

Na transferência, essa forma de amor, a amizade, é uma espécie de graça. Graça que torna a tarefa menos árdua e a solidão, do analista e do paciente, menos só. A partir daí, resta-nos o trabalho: trabalho de ligação, trabalho de perda, trabalho de vida, vida que acolhe ganhos e perdas, vida que inclui amor e morte.

Eu dizia, antes, que a partir da resposta do analista face ao apelo do paciente um vínculo ou um laço pode se estabelecer. Se escolhemos dizer sim, uma primeira exigência se impõe. A primeira exigência que se impõe ao analista é servir.

Servir é ouvir, servir é acolher o paciente como ele se apresenta em cada momento. Acolher o paciente implica aceitar o imprevisto, suportar o tédio, desejar sem exigir, esperar sem expectativa. Aqui toda paciência é pouca. A paciência é essa preciosa disposição do espírito de deixar correr um tempo de espera e esquecimento, tempo necessário à consolidação do vínculo.

Acolher é ouvir o que o paciente nos pede e o que nos indica. Acolher é apreender as coordenadas que cada paciente aponta no que concerne à direção de seu próprio tratamento.

Acolher é se dispor a aprender com cada paciente.

Anexos

E o que responder face ao pedido do paciente?

O que o sujeito psicótico costuma nos pedir?

Ele nos pede lugar, tempo, escuta e palavras.

Ele nos pede um lugar para falar o que não pode falar em outros lugares. Um lugar para ser ouvido sobre essas coisas que não se diz e não se ouve em outros lugares. Com isso, ele nos pede alguma cumplicidade. Pede que compartilhemos com ele, em alguma medida, aquilo que está experimentando, vivendo.

Ele nos pede um lugar e um tempo, para que um trabalho psíquico se elabore, para que uma conquista se realize.

Ele nos pede que lhe falemos alguma coisa: alguma coisa que alivie a dor, alguma coisa que tranquilize a inquietação.

E o analista, quais deveriam ser suas respostas?

Em primeiro lugar ele deveria consentir em ouvir. E ouvir despojado: sem julgar, sem se inquietar demasiado, sem esperar. Nesse ponto, fazer como Freud: ouvir sem esperar e sobretudo ouvir o que não espera. Ouvir deve ser sinônimo de aceitar. Aceitar que o paciente fale o que precisa falar, do jeito que pode falar. Mas cuidado: não se deve confundir aceitar com resignar-se. A diferença é que aceitar é aqui um movimento tático dentro de uma estratégia de trabalho. Aceitar implica trabalhar, fazer algo, ou melhor, levar o paciente a fazer algo a partir do que ele diz. Aceitar é diferente de resignar-se no que se conjuga não com tristeza, desânimo, mas sim com entusiasmo, ânimo, desejo, a despeito das dificuldades, a despeito de toda adversidade. Como o Riobaldo de *Grande sertão: Veredas*, trata-se de ser capaz de ficar alegre no meio da alegria e ainda mais alegre no meio da tristeza, por coragem.[5]

A segunda resposta do analista é consentir em fazer-se cúmplice. Simpatizar, aceitar partilhar o *páthos*. Dizer "sim" ao pedido de estar junto. Este "sim", muitas vezes, materializa-se no gesto de acolher as chamadas por telefone que o paciente nos faz. O telefone põe em ato essa condição em que estamos ao mesmo tempo longe e perto, e em que o fundamental, na maioria das vezes, é não tanto dizer alguma coisa, mas sim se prestar a ouvir, ouvir com uma disposição real de acolher o que é dito.

A terceira resposta do analista é aceitar que, no espaço do dispositivo analítico, se desenrole um tempo: um tempo de tecer e fiar; um tempo de ir e voltar; um tempo de falar e calar; um tempo de repetir e criar; um tempo de expandir-se e retrair-se; um tempo de emoção e indiferença; um tempo de tédio e interesse; um tempo de rir e chorar; um tempo de chegada e partida; um tempo de despedida. Nesse espaço-tempo, devemos aceitar que o paciente possa usar nossa imagem, nossa escuta, nossa voz e nossa presença, presença essa que é condição de possibilidade de o trabalho psíquico ser elaborado.

A quarta resposta é aceitar que falemos alguma coisa. E isso pode ser o mais difícil. Dizer "sim" a esse pedido implica uma dupla aceitação: aceitar que o que dizemos não vale muito e, ao mesmo tempo, admitir que isso que não vale muito possa ter algum valor.

Erramos, e é grave erro, quando pensamos que o que dizemos vale muito. Esse erro é grave porque caminha junto com a pretensão de sugestionar, influenciar, convencer, dirigir, manipular o paciente. O perigo é o de nos colocarmos no lugar do hipnotizador: um hipnotizador camuflado, enganador, mal-intencionado, perseguidor. Erramos também quando, no polo oposto, pensamos que de nada valerá o que dissermos e que, portanto, devemos calar. Falsa modéstia, mal disfarçada

Anexos

pretensão: é o que denuncia um tal pensamento. Ao nos re-cusarmos a dizer alguma coisa que possivelmente não valerá muito, estamos apenas tentando economizar o mal-estar, uma espécie de decepção, por constatarmos que os nossos ditos até valem algo, mas não tanto quanto gostaríamos. Ao nos pedir que digamos alguma coisa, o que o paciente nos pede é uma palavra despretensiosa. Recusar-se a fazê-lo é erro que denun-cia resistência, resistência do analista, em servir.

Servir exige do analista prestar-se, com sua presença, com seu corpo presente, a que o dispositivo opere. Aceitar que o dispositivo opere implica, entre outras coisas, consentir que a presença da pessoa do analista possa ser substituída por outra, por "uma qualquer", como me disse um paciente ao pedir o nome de alguém para me substituir, quando, certa vez, au-sentei-me. Esse mesmo paciente nos mostra — de modo mais cristalino, impossível — a diferença entre o lugar do analista e a pessoa do analista, e, mais que mostrar a diferença, mostra o privilégio do dispositivo sobre o personagem, o privilégio da função sobre a figura do funcionário:

> O cara que não tem análise fica louco, vai pro Pinel! Se não fosse a análise... E eu vi que ia ficar louco quando (a ideia) "puto de zona é bonito" queria entrar. Foi por isso que liguei logo pra você, senão tava perdido, tava no Pinel... Não, não tava não! Pedia ajuda a outra pessoa.

Aceitar que o dispositivo opere é aceitar que ele se torne caduco, dispensável, descartável. É aceitar se apagar, se deixar apagar, passar. É aceitar que o paciente possa se desembaraçar de nossa presença. Talvez seja esse o sentido mais fecundo do analista objeto *a*: objeto a ser perdido, objeto do qual se servir e o qual dispensar, objeto para se ligar e dele separar-se, usar e descartar; objeto cuja perda se impõe como necessária para viver, objeto cuja perda traz não o desastre, mas a vida — uma vida aberta às suas possibilidades, possibilidades que implicam o amor e não excluem a morte, possibilidade de que vida, amor e morte façam um circuito único no qual a existência, que tudo inclui, possa transcorrer.

Agradecimentos

A meus amigos.

Especialmente a João, de quem recebi o convite, incentivo maior, para escrever este texto.

Notas

Introdução [pp. 25-32]

1. Paul Bercherie, *Géographie du champ psychanalytique*.
2. Sigmund Freud e Carl Gustav Jung, *Correspondência completa*, p. 240.
3. Sigmund Freud, "Novas conferências introdutórias, conf. XXXI". In: *Edição standard brasileira das obras psicológicas completas de Sigmund Freud*, v. XXII, p. 79.
4. Sigmund Freud, "Lecciones introductorias al psicoanálisis, lección XXVI". In: *Obras completas*, v. II, pp. 2386-7.
5. Jacques Lacan, *Le Sinthome*, lição de 16 dez. 1975. Para a presente edição, optamos por manter as citações originais da autora no que diz respeito a obras e conceitos lacanianos, mesmo nos casos em que posteriormente às duas primeiras edições (1991, 1999) houve tradução oficial no Brasil. As Referências bibliográficas indicam esses casos.
6. Sigmund Freud e Carl Gustav Jung, *Correspondência completa*, pp. 164-5 e 205.
7. Jacques Lacan, "L'Étourdit", p. 31. O grifo é meu.
8. Jacques Lacan, *Le Séminaire*, livre 21, *Les Non-dupes errent*, lição de 13 nov. 1973.
9. Daniel Paul Schreber, *Memórias de um doente dos nervos*.

1. A psicose e o simbólico [pp. 33-60]

1. Sigmund Freud, "A organização genital infantil". In: *Edição standard brasileira das obras psicológicas completas de Sigmund Freud*, v. XIX, p. 180.
2. Sigmund Freud, "La organización genital infantil". In: *Obras completas*, v. III, p. 2699.
3. Jean Laplanche e Jean-Bertrand Pontalis, *Vocabulário da psicanálise*, p. 116.
4. Sigmund Freud, "Algumas consequências psíquicas da distinção anatômica entre os sexos". In: *Edição standard brasileira das obras psicológicas completas de Sigmund Freud*, v. XIX, p. 314.

5. Jacques Lacan, *Las formaciones del inconsciente*, p. 112.
6. Jacques Lacan, *Le Séminaire*, livre 5, *Les formations de l'inconscient*, lição de 22 jan. 1958.
7. Jacques Lacan, "Subversion du sujet et dialectique du désir dans l'inconscient freudien". In: *Écrits*, p. 808.
8. Jacques Lacan, "La Signification du phallus". In: *Écrits*, p. 685.
9. Contardo Calligaris, *Hipótese sobre o fantasma na cura psicanalítica*.
10. Michel Silvestre, *Demain la psychanalyse*, p. 88.
11. Jacques Lacan, *Le Séminaire*, livre 22, R. S. I., lição de 15 abr. 1975.
12. Jacques Lacan, "Subversion du sujet et dialectique du désir dans l'inconscient freudien". In: *Écrits*, p. 827.
13. Luigi Pirandello, *Seis personagens à procura de um autor*, pp. 374-5.
14. Gilles Deleuze, *Lógica do sentido*, p. 15.
15. Jacques Lacan, "La Signification du phallus". In: *Écrits*, p. 690.
16. Gilles Deleuze, *Lógica do sentido*, p. 20.
17. Ibid., p. 74.
18. Antonin Artaud, *Œuvres complètes*, p. 90.
19. Jacques Lacan, "D'une question préliminaire à tout traitement possible de la psychose". In: *Écrits*, p. 558.
20. Ibid.
21. Ibid., p. 575.
22. Jacques Lacan, *O Seminário*, livro 3, *As psicoses*, p. 99.
23. Ibid., p. 109.
24. Louis Wolfson, *Le Schizo et les langues*, p. 15.
25. Ibid., p. 33
26. Antonin Artaud, *Os tarahumaras*, p. 24.
27. Jacques Lacan, *O Seminário*, livro 3, *As psicoses*, p. 44.
28. Gilles Deleuze, *Lógica do sentido*, pp. 45-50.
29. Gérard Pommier, *D'une logique de la psychose*, p. 105.
30. Daniel Lagache, *Œuvres*, pp. 99-100.
31. Ibid., p. 69.
32. Henri Ey, Paul Bernard e Charles Brisset, *Manuel de Psychiatrie*, p. 512.
33. Jacques Lacan, *O Seminário*, livro 3, *As psicoses*, p. 285.
34. Jacques-Alain Miller, *Matemas I*, pp. 163-4.
35. Jacques Lacan, "Fonction et champ de la parole et du langage en psychanalyse". In: *Écrits*, p. 277.
36. Jacques Lacan, *O Seminário*, livro 3, *As psicoses*, p. 331.
37. Jacques Lacan, "L'Étourdit", p. 30.
38. Gilles Deleuze e Félix Guatarri, *O Anti-Édipo*.

Notas 165

39. Jacques Lacan, apud Jacques-Alain Miller, *Psicosis y psicoanálisis*, p. 29.
40. Daniel Paul Schreber, *Memórias de um doente dos nervos*, p. 209.
41. Jacques Lacan, "D'une question préliminaire à tout traitement possible de la psychose". In: *Écrits*, p. 540.
42. Jacques Lacan, "L'Étourdit", p. 15.
43. Qorpo-Santo, *Teatro completo*, pp. 219-20.

2. A psicose e o imaginário [pp. 61-78]

1. Jacques Lacan, *Le Séminaire*, livre 21, *Les Non-dupes errent*, lição de 13 nov. 1973.
2. Sigmund Freud, "Sobre o narcisismo: Uma introdução". In: *Edição standard brasileira das obras psicológicas completas de Sigmund Freud*, v. XIV.
3. Jacques Lacan, *O Seminário*, livro 1, *Os escritos técnicos de Freud*, p. 96.
4. *"Je est un autre"*, frase célebre do poeta Arthur Rimbaud.
5. Jacques Lacan, "Propos sur la causalité psychique". In: *Écrits*, p. 188.
6. Jacques Lacan, "Le Stade du miroir comme formateur de la fonction du Je". In: *Écrits*, p. 94.
7. Sigmund Freud, "O estranho". In: *Edição standard brasileira das obras psicológicas completas de Sigmund Freud*, v. XVII.
8. Jacques Lacan, *O Seminário*, livro 20, *Mais, ainda*.
9. Jacques Lacan, *Le Séminaire*, livre 22, *R. S. I.*, lição de 18 mar. 1975.
10. Jacques Lacan, *Le Séminaire*, livre 23, *Le Sinthome*.
11. Daniel Paul Schreber, *Memórias de um doente dos nervos*, p. 55.
12. Jacques Lacan, "D'une question préliminaire à tout traitement possible de la psychose". In: *Écrits*, pp. 577-8.
13. "Meu mundo caiu", música composta e interpretada pela cantora Maysa Matarazzo.
14. Antonin Artaud, *Œuvres complètes*, pp. 25-40.
15. Sigmund Freud, "Notas psicanalíticas sobre um relato autobiográfico de um caso de paranoia (*Dementia paranoides*)". In: *Edição standard brasileira das obras psicológicas completas de Sigmund Freud*, v. XII, p. 94.
16. Antonin Artaud, "À procura da fecalidade", p. 30.
17. Daniel Paul Schreber, *Memórias de um doente dos nervos*, p. 106.
18. Jacques Lacan, "D'une question préliminaire à tout traitement possible de la psychose". In: *Écrits*, p. 568.
19. Daniel Paul Schreber, *Memórias de um doente dos nervos*, p. 153.

20. Ibid., pp. 88-9.
21. Ibid., pp. 49 e 121-2.
22. Contardo Calligaris, *Introdução a uma clínica diferencial das psicoses*, pp. 15-6.
23. Daniel Paul Schreber, *Memórias de um doente dos nervos*, p. 97.
24. Ibid., p. 105.
25. Ibid., p. 47.
26. Jacques Lacan, *O Seminário*, livro 3, *As psicoses*, p. 102.
27. Daniel Paul Schreber, *Memórias de um doente dos nervos*, p. 247.
28. Sigmund Freud, "O inconsciente". In: *Edição standard brasileira das obras psicológicas completas de Sigmund Freud*, v. xiv, p. 232.
29. Daniel Paul Schreber, *Memórias de um doente dos nervos*, pp. 175-6.
30. Contardo Calligaris, "Introdução a uma clínica psicanalítica".
31. Gérard de Nerval, *Aurélia*, p. 18.
32. Antonin Artaud, *Œuvres complètes*, p. 89.
33. Ibid.
34. Jacques Lacan, "D'une question préliminaire à tout traitement possible de la psychose". In: *Écrits*, p. 572.
35. Daniel Paul Schreber, *Memórias de um doente dos nervos*, p. 264.
36. Ibid., pp. 271-2.

3. A psicose e o real [pp. 79-112]

1. Jacques Lacan, *Le Séminaire*, livre 23, *Le Sinthome*, lição de 13 abr. 1976.
2. Sigmund Freud, "A interpretação dos sonhos". In: *Edição standard brasileira das obras psicológicas completas de Sigmund Freud*, v. v, pp. 658-9.
3. Sigmund Freud, "A perda da realidade na neurose e na psicose". In: *Edição standard brasileira das obras psicológicas completas de Sigmund Freud*, v. xix, p. 233.
4. Jacques Lacan, *O Seminário*, livro 7, *A ética da psicanálise*, p. 63.
5. Jacques Lacan, "De la psychanalyse dans ses rapports avec la réalité", p. 59.
6. Juan-David Nasio, *Les Yeux de Laure*, p. 115.
7. Jacques Lacan, *Le Séminaire*, livre 14, *La Logique du fantasme*, lição de 16 nov. 1966.
8. Jacques Lacan, "Conférences et entretiens dans des universités nord-américaines", p. 29.

Notas

9. Jacques Lacan, *Le Séminaire*, livre 22, *R. S. I.*, lição de 11 mar. 1975.
10. Jacques Lacan, "D'une question préliminaire à tout traitement possible de la psychose". In: *Écrits*, p. 554.
11. Alain Juranville, *Lacan et la philosophie*, p. 33.
12. Jacques Lacan, *Le Séminaire*, livre 22, *R. S. I.*
13. Jacques Lacan, *Le Séminaire*, livre 6, *Le Désir et son interprétation*.
14. Jacques Lacan, "A terceira", pp. 22-34.
15. Jacques Lacan, apud Jean-Michel Ribettes, "Réel-Lacan", pp. 87-106.
16. Jacques Lacan, "Réponse au commentaire de Jean Hyppolite sur la 'Verneinung' de Freud". In: *Écrits*, p. 388.
17. Jacques Lacan, "Conférences et entretiens dans des universités nord--américaines", p. 29.
18. Jacques Lacan, *Le Séminaire*, livre 22, *R. S. I.*, lição de 10 dez. 1974.
19. Jacques Lacan, "Conférences et entretiens dans des universités nord--américaines", pp. 55-6.
20. Jacques Lacan, *O Seminário*, livro 20, *Mais, ainda*, p. 81.
21. Jacques Lacan, *Le Séminaire*, livre 23, *Le Sinthome*, lição de 13 jan. 1976.
22. Jacques Lacan, *Le Séminaire*, livre 21, *Les Non-dupes errent*, lição de 19 mar. 1974.
23. Jacques Lacan, *O Seminário*, livro 1, *Os escritos técnicos de Freud*, p. 158.
24. Jacques Lacan, "A terceira", p. 30.
25. Jacques Lacan, "Subversion du sujet et dialectique du désir dans l'inconscient freudien". In: *Écrits*, p. 807.
26. Jacques Lacan, *Le Séminaire*, livre 14, *La Logique du fantasme*, lição de 30 maio 1967.
27. Jacques-Alain Miller, "Teoria de los goces". In: *Recorrido de Lacan*, p. 150.
28. Jacques Lacan, "A terceira", p. 30.
29. Jacques Lacan, "Comptes rendus d'enseignement", p. 17.
30. Jacques Lacan, "Da estrutura como intromistura de um pré-requisito de alteridade e um sujeito qualquer", pp. 206-7.
31. Jacques Lacan, "Os Nomes-do-Pai", p. 24.
32. Antonin Artaud, *Œuvres complètes*, p. 69.
33. Jacques Lacan, *O Seminário*, livro 20, *Mais, ainda*, pp. 35-6.
34. Santa Teresa de Jesus, *Castelo interior, ou Moradas*, p. 145.
35. Louis Wolfson, *Le Schizo et les langues*, pp. 123-33.
36. Jacques Lacan, *O Seminário*, livro 3, *As psicoses*, p. 49.

168 *A psicose*

37. Daniel Paul Schreber, *Memórias de um doente dos nervos*, p. 264.
38. Jacques Lacan, *Le Séminaire*, livre 10, *L'angoisse*, lições de 22 maio 1963 e 5 jun. 1963.
39. Georg Büchner, *Lenz*, p. 154.
40. Daniel Paul Schreber, *Memórias de um doente dos nervos*, pp. 209-10.
41. Romola Nijinsky, *Nijinsky*, pp. 346-7.
42. Marilene Carone, "Da loucura de prestígio ao prestígio da loucura", p. 16.
43. Jacques Lacan, "L'Étourdit", pp. 5-52.
44. Daniel Paul Schreber, *Memórias de um doente dos nervos*, pp. 175-6.
45. Colette Soler, "Quelle place pour l'analyste?", pp. 29-31.
46. Jacques Lacan, *O Seminário*, livro 11, *Os quatro conceitos fundamentais da psicanálise*, p. 196.
47. Jacques Lacan, "Position de l'inconscient". In: *Écrits*, pp. 839-44.
48. Ibid., p. 840.
49. Jacques Lacan, "Subversion du sujet et dialectique du désir dans l'inconscient freudien". In: *Écrits*, pp. 806-7.
50. Jacques Lacan, "A terceira", p. 23.
51. Jacques Lacan, *Le Séminaire*, livre 6, *Le Désir et son interprétation*.
52. Jacques Lacan, *Le Séminaire*, livre 10, *L'Angoisse*, lição de 5 dez. 1961.
53. Jacques Lacan, *Le Séminaire*, livre 9, *L'Identification*, lição de 13 dez. 1961.
54. Jacques Lacan, "Subversion du sujet et dialectique du désir dans l'inconscient freudien". In: *Écrits*, p. 819.
55. Jean Bobon, "Leçon inaugurale", p. 163.
56. Jacques Lacan, "L'Angoisse", *Ornicar?*, p. 165.
57. Daniel Paul Schreber, *Memórias de um doente dos nervos*, p. 76.
58. Serge André, "La Pulsion chez le schizophrène", p. 105.
59. Jacques Lacan, *O Seminário*, livro 7, *A ética da psicanálise*, pp. 91-2.
60. Ibid., p. 149.
61. Ibid., p. 106.
62. Louis Wolfson, *Le Schizo et les langues*, p. 33.
63. Daniel Paul Schreber, *Memórias de um doente dos nervos*, p. 264.
64. Contardo Calligaris, "Introdução a uma clínica psicanalítica".
65. Gilles Deleuze e Félix Guatarri, *O Anti-Édipo*.
66. Jacques Lacan, *Le Séminaire*, livre 23, *Le Sinthome*, lição de 11 maio 1976.

Notas 169

67. Sigmund Freud, "Sobre o narcisismo: Uma introdução". In: *Edição standard brasileira das obras psicológicas completas de Sigmund Freud*, v. XIV, pp. 98-9.
68. Jacques Lacan, "Apresentação da tradução francesa das memórias do presidente Schreber", p. 22.
69. Antonio Luiz Quinet de Andrade, "Clínica da psicose", pp. 45-56.

ANEXOS

Psicose: Fenômeno e estrutura [pp. 115-50]

1. Emmanuel Lévinas, *Éthique et infini*.
2. Georg Büchner, *Lenz*, p. 154.
3. Jacques-Alain Miller, *1, 2, 3, 4*.
4. Jacques Lacan, *Écrits*, p. 774.
5. Jacques Lacan, *Le Séminaire*, livre 16, *D'un Autre à l'autre*, lição de 30 abr. 1969.
6. Jacques Lacan, "L'Étourdit", p. 33.
7. Jacques Lacan, *Le Séminaire*, livre 9, *L'Identification*, lição de 13 jun. 1962.
8. Jacques Lacan, *Le Séminaire*, livre 23, *Le Sinthome*, lição de 13 jan. 1976.
9. Sigmund Freud, "Las fantasías histéricas y su relación con la bisexualidad". In: *Obras completas de Sigmund Freud*, v. IX, p. 141.
10. Georg Büchner, *Lenz*, p. 154.
11. Ibid.; Jacques Lacan, *O Seminário*, livro 2, *O eu na teoria de Freud e na técnica da psicanálise*, p. 212.
12. Jacques Lacan, *Écrits*, p. 816.
13. Ibid., p. 826.
14. Jacques Lacan, *Le Séminaire*, livre 23, *Le Sinthome*, lição de 17 fev. 1976.
15. Jacques Lacan, "A terceira", p. 22.
16. Jacques Lacan, *Le Séminaire*, livre 9, *L'Identification*, lição de 13 mar. 1962.
17. Antonin Artaud, *Œuvres complètes*, p. 99.
18. Jacques Lacan, "Comptes rendus d'enseignement", p. 22.
19. Jacques Lacan, *Le Séminaire*, livre 19, *...ou pire*, lição de 12 dez. 1971.
20. Jacques Lacan, *Le Séminaire*, livre 22, *R. S. I.*, lição de 11 mar. 1975.
21. Louis Wolfson, *Le Schizo et les langues*, p. 183.
22. Marie-Magdaleine Chatel, "Dialogue avec le symptôme", pp. 121-2.

23. Manoel de Barros, o poeta, falando do poder de renovação da linguagem que têm os psicóticos, assim como o povo, as crianças, os primitivos e os bêbados, em entrevista a *O Globo*, no caderno *Prosa & Verso*, 2 mar. 1996.

24. Jacques Lacan, *Écrits*, p. 652.

25. Ibid., p. 849.

26. Ibid.

27. Jacques Lacan, *Le Séminaire*, livre 15, *L'Acte psychanalytique*, lição de 27 mar. 1968.

28. Antoine Tudal, "Paris en l'an 2000", citado e modificado por Lacan no seminário inédito "Le Savoir de l'analyste".

29. Jacques Lacan, "L'Étourdit", pp. 10-1.

30. Ibid., p. 20.

31. Jacques-Alain Miller, "De la nature des semblants", lição de 20 nov. 1991.

32. Jacques Lacan, "Os Nomes-do-Pai", pp. 20-1.

33. Jacques Lacan, *O Seminário*, livro 3, *As psicoses*, p. 361.

34. Jacques Lacan, *Écrits*, p. 572.

35. Antonin Artaud, *Œuvres complètes*, v. x, p. 13.

36. Ibid., pp. 65-76.

37. Jacques Lacan, *O Seminário*, livro 3, *As psicoses*, pp. 209-17.

38. Jacques Lacan, *O Seminário*, livro 20, *Mais, ainda*, pp. 170-1.

39. Jacques Lacan, "Discours à l'E.F.P.", p. 11.

40. Jacques Lacan, "Deux notes sur l'enfant", p. 14.

41. Jacques Lacan, *O Seminário*, livro 11, *Os quatro conceitos fundamentais da psicanálise*, p. 243.

42. Jacques Lacan, "L'Angoisse", *Ornicar?*, p. 165.

43. Jacques Lacan, *Écrits*, pp. 864-965.

44. Emil Cioran, entrevista à *Folha de S.Paulo*, 12 fev. 1995.

Amor e morte na psicose [pp. 151-60]

1. Rainer Maria Rilke, *Cartas a um jovem poeta*, pp. 58-9.

2. Sigmund Freud, "Las fantasías histéricas y su relación con la bisexualidad". In: *Obras completas de Sigmund Freud*, v. ix, p. 141.

3. Contardo Calligaris, *Introdução a uma clínica diferencial das psicoses*.

4. Aristóteles, *Ética a Nicômaco*. Livro viii, 1, 1155a.

5. João Guimarães Rosa, *Grande sertão: Veredas*, pp. 241-2.

Referências bibliográficas

ANDRADE, Antonio Luiz Quinet de. "Clínica da psicose". *Transcrição*, n. 2. Salvador: Fator, 1986.

ANDRÉ, Serge. "La Pulsion chez le schizophrène". *Ornicar?*, ano XII, n. 36. Paris: Navarin, 1986.

ARTAUD, Antonin. *Œuvres complètes*. Paris: Gallimard, 1925. v. I.

_____. "À procura da fecalidade". In: *Para acabar de vez com o juízo de Deus, seguido de O teatro da crueldade*. Lisboa: & etc., 1975.

_____. *Os tarahumaras*. Lisboa: Relógio d'Água, 1985.

BERCHERIE, Paul. *Géographie du champ psychanalytique*. Paris: Navarin, 1988.

BOBON, Jean. "Leçon inaugurale". *Ornicar?*, ano X, n. 29. Paris: Navarin, 1984.

BÜCHNER, Georg. *Lenz*. São Paulo: Brasiliense, 1985.

CALLIGARIS, Contardo. *Hipótese sobre o fantasma na cura psicanalítica*. Porto Alegre: Artes Médicas, 1986.

_____. *Introdução a uma clínica diferencial das psicoses*. Porto Alegre: Artes Médicas, 1989.

CARONE, Marilene. "Da loucura de prestígio ao prestígio da loucura". In: SCHREBER, Daniel Paul. *Memórias de um doente dos nervos*. Rio de Janeiro: Graal, 1984.

CHATEL, Marie-Magdeleine. "Dialogue avec le symptôme". *Revue du Littoral*, n. 41. Paris: EPEL, nov. 1994.

DELEUZE, Gilles. *Lógica do sentido*. São Paulo: Perspectiva, 1974.

DELEUZE, Gilles; GUATTARI, Félix. *O Anti-Édipo*. Rio de Janeiro: Imago, 1976.

EY, Henri; BERNARD, Paul; BRISSET, Charles. *Manuel de Psychiatrie*. Paris: Masson et Cie, 1974.

FREUD, Sigmund. *Obras completas*. Madri: Biblioteca Nueva, 1973, vários volumes.

_____. *Edição standard brasileira das obras psicológicas completas de Sigmund Freud*. Rio de Janeiro: Imago, 1977, vários volumes.

FREUD, Sigmund. *Obras completas de Sigmund Freud*. Buenos Aires: Amorrortu, 1986, vários volumes.

FREUD, Sigmund; JUNG, Carl Gustav. *Correspondência completa*. Rio de Janeiro: Imago, 1976.

JURANVILLE, Alain. *Lacan et la philosophie*. Paris: PUF, 1984.

LACAN, Jacques. *Le Séminaire*, livre 5, *Les Formations de l'inconscient*. Inédito, 1957-8. [Ed. bras.: *O Seminário*, livro 5, *As formações do inconsciente*. Rio de Janeiro: Zahar, 1999.]

_____. *Le Séminaire*, livre 6, *Le Désir et son interprétation*. Inédito, 1958-9. [Ed. bras.: *O Seminário*, livro 6, *O desejo e sua interpretação*. Rio de Janeiro: Zahar, 2016.]

_____. *Le Séminaire*, livre 9, *L'Identification*. Inédito, 1961-2.

_____. *Le Séminaire*, livre 10, *L'Angoisse*. Inédito, 1962-3. [Ed. bras.: *O Seminário*, livro 10, *A angústia*. Rio de Janeiro: Zahar, 2005.]

_____. *Écrits*. Paris: Seuil, 1966. [Ed. bras.: *Escritos*. Rio de Janeiro: Zahar, 1998.]

_____. *Le Séminaire*, livre 14, *La Logique du fantasme*. Inédito, 1966-7.

_____. *Le Séminaire*, livre 15, *L'Acte psychanalytique*. Inédito, 1967-8.

_____. "De la psychanalyse dans ses rapports avec la réalité". *Scilicet*, n. 1, Paris: Seuil, 1968. [Ed. bras.: "Da psicanálise em suas relações com a realidade". In: *Outros escritos*. Rio de Janeiro: Zahar, 2003.]

_____. *Le Séminaire*, livre 16, *D'un Autre à l'autre*. Inédito, 1968-9. [Ed. bras.: *O Seminário*, livro 16, *De um Outro ao outro*. Rio de Janeiro: Zahar, 2008.]

_____. "Discours à l'E.F.P.". *Scilicet*, n. 2-3, Paris: Seuil, 1970. [Ed. bras.: "Discurso na Escola Freudiana de Paris". In: *Outros escritos*. Rio de Janeiro: Zahar, 2003.]

_____. *Le Séminaire*, livre 19, *...ou pire*. Inédito, 1971-2. [Ed. bras.: *O Seminário*, livro 19, *...ou pior*. Rio de Janeiro: Zahar, 2012.]

_____. "L'Étourdit". *Scilicet*, n. 4, Paris: Seuil, 1973. [Ed. bras.: "O aturdito". In: *Outros escritos*. Rio de Janeiro: Zahar, 2003.]

_____. *Le Séminaire*, livre 21, *Les Non-dupes errent*. Inédito, 1973-4.

_____. *Le Séminaire*, livre 22, *R. S. I*. Inédito, 1974-5.

_____. *Le Séminaire*, livre 23, *Le Sinthome*. Inédito, 1975-6. [Ed. bras.: *O Seminário*, livro 23, *O sinthoma*. Rio de Janeiro: Zahar, 2007.]

_____. "Conférences et entretiens dans des universités nord-américaines". *Scilicet*, n. 6-7. Paris: Seuil, 1976.

Referências bibliográficas

LACAN, Jacques. "Da estrutura como intromistura de um pré-requisito de alteridade e um sujeito qualquer". In: MACKSEY, Richard; DONATO, Eugenio (Orgs.). *Controvérsia estruturalista*. São Paulo: Cultrix, 1976.

_____. *O Seminário*, livro I, *Os escritos técnicos de Freud*. Rio de Janeiro: Zahar, 1979.

_____. *Las formaciones del inconsciente*. Buenos Aires: Nueva Visión, 1979.

_____. *O Seminário*, livro 20, *Mais, ainda*. Rio de Janeiro: Zahar, 1982.

_____. "Comptes rendus d'enseignement". *Ornicar?*, ano X, n. 29. Paris: Navarin, 1984.

_____. "L'Angoisse". *Ornicar?*, ano X, n. 29. Paris: Navarin, 1984.

_____. *O Seminário*, livro 2, *O eu na teoria de Freud e na técnica da psicanálise*. Rio de Janeiro: Zahar, 1985.

_____. *O Seminário*, livro 3, *As psicoses*. Rio de Janeiro: Zahar, 1985.

_____. *O Seminário*, livro 11, *Os quatro conceitos fundamentais da psicanálise*. Rio de Janeiro: Zahar, 1985.

_____. "A terceira". *Che vuoi?*, ano I, n. 0. Porto Alegre: Cooperativa Cultural Jacques Lacan, 1986.

_____. "Deux notes sur l'enfant". *Ornicar?*, n. 37. Paris: Navarin, 1986.

_____. "Os Nomes-do-Pai". *Che vuoi?*, ano I, n. 2. Porto Alegre: Cooperativa Cultural Jacques Lacan, 1986.

_____. "Apresentação da tradução francesa das memórias do presidente Schreber". *Falo*, n. I. Salvador: Fator, 1987.

_____. *O Seminário*, livro 7, *A ética da psicanálise*. Rio de Janeiro: Zahar, 1988.

LAGACHE, Daniel. *Œuvres*. Paris: PUF, Paris, 1977. v. I.

LAPLANCHE, Jean; PONTALIS, Jean-Bertrand. *Vocabulário da psicanálise*. Lisboa: Moraes, 1970.

LÉVINAS, Emmanuel. *Éthique et infini*. Paris: Fayard, 1982.

MILLER, Jacques-Alain. *1, 2, 3, 4*. Curso inédito, 1984-5.

_____. *Psicosis y psicoanálisis*. Buenos Aires: Manantial, 1985.

_____. *Recorrido de Lacan*. Buenos Aires: Manantial, 1985.

_____. *Matemas I*. Buenos Aires: Manantial, 1987. [Ed. bras.: *Matemas I*. Rio de Janeiro: Zahar, 1996.]

_____. "De la nature des semblants". Curso inédito, 1991.

NASIO, Juan-David. *Les Yeux de Laure*. Paris: Aubier, 1987. [Ed. bras.: *Os olhos de Laura*. Rio de Janeiro: Zahar, 2011.]

NERVAL, Gérard de. *Aurélia*. São Paulo: Ícone, 1986.

NIJINSKY, Romola. *Nijinsky*. Rio de Janeiro: José Olympio, 1948.

PIRANDELLO, Luigi. *Seis personagens à procura de um autor*. São Paulo: Abril Cultural, 1981.

POMMIER, Gérard. *D'une logique de la psychose*. Paris: Point Hors Ligne, 1983.

QORPO-SANTO. *Teatro completo*. Rio de Janeiro: MEC, 1980.

RIBETTES, Jean-Michel. "Réel-Lacan". *L'Infini*, n. 3. Paris: Denoël, 1983.

RILKE, Rainer Maria. *Cartas a um jovem poeta*. Rio de Janeiro: Globo, 1964.

ROSA, João Guimarães. *Grande sertão: Veredas*. Rio de Janeiro: José Olympio, 1976.

SANTA TERESA DE JESUS. *Castelo interior, ou Moradas*. São Paulo: Paulinas, 1984.

SCHREBER, Daniel Paul. *Memórias de um doente dos nervos*. Rio de Janeiro: Graal, 1984.

SILVESTRE, Michel. *Demain la psychanalyse*. Paris: Navarin, 1987.

SOLER, Colette. "Quelle place pour l'analyste?". *Actes de l'École de la Cause freudienne*, n. 13. Paris: Navarin, 1987.

WOLFSON, Louis. *Le Schizo et les langues*. Paris: Gallimard, 1970.

ESTA OBRA FOI COMPOSTA POR MARI TABOADA EM DANTE PRO E
IMPRESSA EM OFSETE PELA GRÁFICA BARTIRA SOBRE PAPEL PÓLEN BOLD
DA SUZANO S.A. PARA A EDITORA SCHWARCZ EM JANEIRO DE 2023

A marca FSC® é a garantia de que a madeira utilizada na
fabricação do papel deste livro provém de florestas que
foram gerenciadas de maneira ambientalmente correta,
socialmente justa e economicamente viável, além de
outras fontes de origem controlada.